副業おじさん

傷だらけの俺たちに明日はあるか

ジャーナリスト
若月澪子
Wakatsuki Reiko

朝日新聞出版

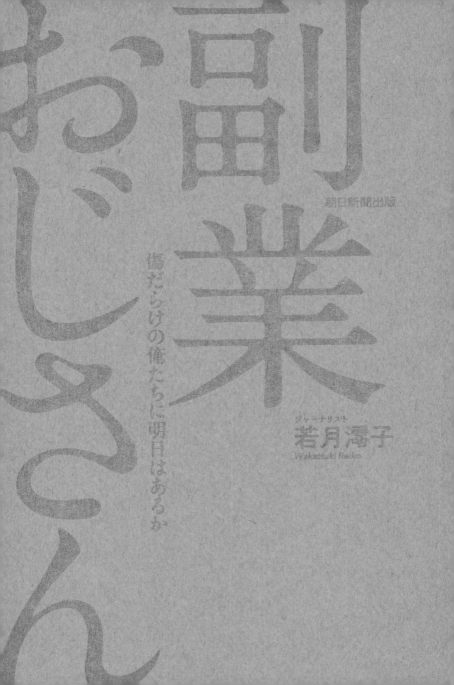

副業おじさん

傷だらけの俺たちに明日はあるか

若月澪子

副業おじさん

傷だらけの俺たちに明日はあるか

プロローグ

冷え込みが激しい二月の日曜日、都内のとある有名大学で入学試験が行われていた。

会場にはおよそ1000人の受験生に対し、100人ほどの試験監督が配置されていた。そのうちの半分が一日限りの単発アルバイト、7割が40~60代の「おじさん」だ。みな一様に、スーツとネクタイ、革靴を履き、いかにもごく普通のホワイトカラーの会社員のなりをしている。

試験監督の仕事は問題用紙を配布・回収、不正行為がないかを監視、トイレに行く受験者を誘導と、極めて単純な業務だ。資格や技術は必要ない。

「みなさま、本日は朝早くからありがとうございます!」

午前7時半、試験監督の控室となった教室で朝礼がはじまった。スーツ姿のバイトの中高年男性を前に、試験を運営する会社の女性社員が一日の流れを説明する。おじさんたちは配布された分厚いマニュアルを開き、時折メモを取りながら熱心に説明を聞いている。

彼らはハタからは、大学の教授か職員のように見える。受験生は誰も「バイトのおじさん」とは思わないだろう。彼らの本業は、会社員、自営業、フリーの講師など。休日の副業、もしくはセミリタイア後の仕事の一つとしてこのバイトに取り組んでいるようだった。

ライターの内職をするかたわら、こうした単発アルバイトに取り組んでいた主婦ギグワーカーの筆者はこの日、人生初の試験監督に入っていた。このような非正規労働は、学生や自分のような主婦ばかりだと思っていたので、このエキストラのようなおじさんの群れには衝撃を受けた。

一体、おじさんたちに何が起こっているのだろう。スーツ姿のアルバイターにただならぬものを感じたことが、中高年男性の副業、セカンドステージの取材を始めたきっかけだった。

おじさんの副業探しは100年時代の序章

人生100年時代、そして未曽有《みぞう》の少子高齢化。現役世代が将来受け取れる年金は蜃気楼《しんきろう》のようにおぼろげだ。「老後資金として2000万円くらいは貯めとけって言われても」と憤りながら、物価は上がるし、給料は上がらないし、「副業でもしなくては」と思っているおじさんは多いだろう。

中高年男性を対象にした求人サイトを見ると、警備や倉庫作業が多く、スーツで働くことができる仕事はほとんど見当たらない。サラリーマンの矜持《きょうじ》を体現してきたスーツ姿。試験監督が中高年男性に人気のバイトである理由はそこなのだろうか。

筆者は「副業を探している、副業に取り組んだことがある」という40〜60代、およそ100人の中高年男性に取材を試みた。

本書はその中でも、いわゆるホワイトカラーとして働いてきた人たちの、副業体験をまとめたものである。あらかじめお断りしておくと、ここでは、「副業で上手に稼ぐコツ」や「副業成功のポイント」などは紹介していない。ただ、副業のリアルな実態が参考になる人もいるかと思う。

個々のおじさんたちのストーリーは、本編を読んでいただくとして、冒頭では、この取材を通して気がついたことをまとめてみたい。

その1：おじさんは低賃金市場で人気がない

取材で出会ったおじさんたちの副業はこんな感じだ。

元テレビプロデューサーが運送会社の倉庫でバイト、大手製薬会社の研究員が1回3000円もらえる薄毛クリニックの体験モニター、大手メーカー勤務のサラリーマンが1枚1円のポスティング——。彼らは自らのキャリアに見合った副業に出会えていない。

経験豊かな中高年男性であっても、副業で月に数万円稼ぐのは想像以上に難しいことなのだ。

おじさんたちは副業を探す前に、「自分のスキルを活かして、コンサルや人の役に立つ副業がしたい……」などと淡い期待を抱くが、現実はそう簡単にはいかない。

実際、おじさんが明日からでも取り組める副業は、学生アルバイトのような仕事しかない。ライターや動画の編集などを自宅でほそぼそと行うおじさんもいるが、こうした内職はフリーランスをはじめとしたライバルが多く、おいしい仕事は若くて優秀、なおかつより安い報酬で働いてくれる人に奪われてしまう。

つまりおじさんは「低賃金労働市場」で競争力がない。低賃金でもよく働く若者や女性は採用されやすいが、中高年男性は敬遠されやすい。翻って見れば、そうした「稼げない」仕事は、学生やフリーター、女性、最近は外国籍の人が担っているということだ。

その2：すでに地方では副業が10年前からはじまっていた

政府が副業を推進したのは2018年。その後、コロナ禍に入り、リモートワークや減収をきっかけに副業をはじめた人は多い。

ところが、地方で暮らす一部のホワイトカラーは副業が推奨される10年も前、2008年のリーマンショックの直後から、すでに副業を始めていたこともわかってきた。勤務先の業績悪化で給料が大幅に下がったことなどが理由で、逼迫《ひっぱく》する家計を支えるためのダブルワークである。

手取りが月20万円を切るような状態でも、年収をアップさせる転職は中高年には難しい。そのため、日中の本業と並行して、夜間や休日に物流倉庫などでアルバイトをせざるを得ないのだ。

また、近年は年功序列を廃した成果主義の導入で、中高年になっても給料が上がらず、副業で収入を補わなければならない人も出始めている。

中でも、「子どもの塾代・進学費用が足りない」という理由で副業を始める父親には多く出会った。高校無償化などの措置があるにせよ、塾や習い事に、子ども一人当たり年間で100万円近くかかる家庭もある。本書のテーマからは外れるが、教育費負担が家計に重くのしかかる現実には、大いに疑問を覚える。

その3：男はつらいよ

副業おじさんを取材するうちに、もう一つ感じたことがある。それは日本の男性の生きづらさ、男性のジェンダー問題である。

非正規で働く女性、ＬＧＢＴＱ、障害を持つ人、外国人などマイノリティーの生きづらさは、メディアでもしばしば取り上げられている。でも、日本の男性が抱える「生きづらさ」も案外深刻だ。

副業を家族に内緒にしているおじさんは、ものすごく多い。「ホワイトカラーなのにバイトをしているなんて、子どもに知られたくない」という父親にはよく出会った。

日本の男性は人に「助けて」と言うことが苦手だ。ちょうどこの原稿を書いている2023年7月にも、40年間妻の介護をしてきた80代の男性が、介護を苦に妻を車いすごと海に突き落とした事件の裁判が行われていた。この男性は、周囲からの援助の申し出を拒否していたという。

おじさんが自分の責任やプライドを抱え過ぎず、もう少し楽に生きられるようにならなければ、ジェンダー平等だって遠いのではないか。男性の生きづらさは、女性の生きづらさと合わせて考えていかなければいけない問題だと思う。

おじさんの本当の戦いはこれから

この本には副業探しで迷走するおじさんがたくさん出てくるが、実は筆者もおじさんたちと同じような経験をしている。

筆者は大学卒業後、ＮＨＫのローカル放送を中心に、地方局と東京でディレクターとして番組制作の仕事をしてきた。契約社員という非正規雇用であっても、テレビ制作現場は長時間労働、不規則な毎日で、土日も出勤する日々だった。

そんな生活から一転、30代前半で結婚退職し、夫の赴任先の地方で新婚生活が始まった時、家庭との両立でどんな仕事をすればいいのかわからず、長い迷路に入り込んでしまった。

番組制作の経験を活かした仕事がしたい、でも忙しすぎるのは勘弁して欲しい……と贅沢を言ってみたところでそんな都合のいい仕事はなく、家事と妊活、出産、子育てと並行して、学童保育の指導員、タウン誌のライター、自殺予防団体の電話相談ボランティア、借金苦の人を取材するウェブライター、散骨会社の立ち上げなどの仕事を次々と経験した。

職歴に「ＮＨＫ」という看板を掲げたところで、実は何のスキルもないことにも気づかされ悔し涙を流したことも数知れず、それでも生意気に「やりがいのある仕事」を渇望しながら、文字通り迷走し続けてきた。

この本でご紹介する副業探しに惑うおじさんの姿は、いずれも筆者自身が通って来た道、おじさんの苦悩は結婚や出産でキャリアを断たれた女性が味わってきた道でもある。

なにも成し遂げていない自分が偉そうに言うのは気が引けるが、おじさんたちも組織を離れると、個人が想像以上に非力な存在であると気づかされるのではないか。

われわれがこれから戦う相手は、グローバル人材でも、仕事を奪うＡＩでもない。下り坂を下りていく運命を背負った、自分自身である。おじさんの本当の戦いは、今始まったばかりなのだ。

目次

第2章 上流から下流に

第4章 夜のしごと 135

第6章 セカンドステージ

凡例

本書は『JBpress』「令和版おじさんの副業」（2022年3月22日～2023年6月6日配信）を再構成、加筆修正を行い書籍化したものである。

登場人物のプロフィールや労働現場などは、個人のプライバシーや企業情報保護のため、一部内容を変更している。年齢、勤務先の時給などは取材当時のものである。

第1章

「副業の森」をさまよう

まずは副業を探し始めてみたものの、厳しい現実に直面し、当惑するおじさんたちをご紹介しよう。彼らは「週末起業」「趣味やスキルを活かす副業」を実現しようとしてみたものの、現実は甘くないことに気づかされる。

正社員として長時間労働をしてきた人が、いきなり「多様な働き方」に取り組もうとしても、準備体操なしに泳ぎ始めるようなものなのだ。

これは笑い話でも、作り話でもない。大手企業に長年勤めた、環境の変化に弱いタイプのおじさんは、副業探しで苦戦しやすい。

01

バブル組の終わらない「自分探し」

JOB

在宅オフィスワーク

コロナをきっかけに副業を始めたサラリーマンは多い。そのほとんどが、パソコンやスマホを使って在宅で副業をしているというデータもある。

試しに「副業　在宅」などのキーワードで検索をかけると、数えきれないくらいの求人サイトが表示される。そこで紹介されているのは、動画制作やホームページ制作、記事作成、データ入力などだ。ただ、これらの仕事でいきなり高報酬を得ることは難しい。

在宅オフィスワークのほとんどが多くても月に数万円、少ない人は数百円にしかならず、「在宅の副業は報酬が低い」「思ったほど稼げない」という悩みを抱えることになる。特に50代以上の男性となると、スキルや年齢がネックとなり、ネット上の仕事で収入を得ることが難しいと感じる人が多いようだ。

埼玉県に住むAさん（54）もそんな中高年の一人だ。

Aさんは、自宅のパソコンを使って在宅副業にチャレンジしようとしたものの、全く収入に結びつかず、結局、夜の物流倉庫でアルバイトをしている。なぜこんなことになったのか。

Aさんは大手通信インフラ企業の系列会社で、長年、営業として働いてきた。Aさんが営業で扱っているのは、企業や地方公共団体のオフィスで使用する通信機器だ。

「私が就職したのはバブル時代。当時は顧客の元に足繁く通い、根性で売っていればよかった。でも、インターネットが普及すると、お客さんの中にも専門家のような人が出てくるんです。すると、『こんなことも知らないの？』と、私の方が言われることが出てきまして……」

そんなAさんが「社内での自分の立場が微妙」と感じ始めたのは、40歳になった頃だった。

10年ほど続いたウジウジした状況

「40歳を過ぎて周りを見ると、5～6歳下の年次の子が、自分と同じ役職に就いたり、自分を追い越していたりしたんです。自分はこれ以上出世できないことがわかってしまって」

それでも給料は年功序列で上がっていくはずだった。しかし、Aさんの会社はいつの間にか、昇進しなければ給料も上がらないシステム、成果主義に移行していた。Aさんの手取り年収は現在も、40代の頃とあまり変わらず600万円程度だ。

35歳の時に35年の住宅ローンを組んでいたAさんは困った。40歳以降に給料が上がることを想定していたのに、当てが外れてしまったのだ。それでも当時のAさんは、状況を嘆き続けるだけだったという。

「どうせオレは負け犬だと、ずっとウジウジしていました。転職する勇気なんてありません。とにかく会社に認められなかったことがショックでした」

しかし、おじさんの試練は終わらない。

ウジウジした状況を10年ほど続けた結果、Aさんは「何かやらなければ……、お金もないし」と考え始めた。きっかけは、コロナだった。Aさんが勤める会社の系列グループすべてに、「副業していいよ」というお触れが出たのだ。

「副業」という言葉を聞いた時、Aさんの頭に、「自分を認めてくれる何かに出会いたい」という欲求が湧いた。

「私は営業しかやってこなかったので、ほかにできることがありません。会社の看板を失うと、個人では何もできません。このままじゃ死ねない。新しい出会いと、新しい可能性を求めて、何か始めようと決心しました」

その「何か」がなんだかわからないまま、Aさんはまず、インターネットを使って副業を探してみることにした。

意外に厳しかった在宅パソコンワーク

「サラリーマンの副業は外にバイトに行くのではなく、パソコンを使ってデータ入力や情報収集をするようなイメージでしたし、そういう仕事は簡単に見つかると思っていました」

Aさんは3カ月ほど、自宅のパソコンでできそうな仕事を探し、ネットをさまよった。ところが、「そんな都合のいい仕事はほとんどないと気がついたんです」。

Aさんの場合、求人に応募してみると、「この仕事をやるには、次のような講習を受けてください。講習代は3万円です」「この商品をまず購入してください」というような案件に次々当たったという。

実際に履歴書を送ってみても、採用まで至らない。「初心者でも大丈夫」「実績がなくてもOK」という募集を見て、テストを受けても結局は不採用。人材を登録するサイトにプロフィールを掲載しても、どこからもオファーはない。仕事をさせてもらえる案件に出会っても、報酬は数百円程度。

「記事を書くというような仕事をやってみるんですけれども、案外難しいんだなと気づかされました。時間がかかる割に、100円くらいしかもらえないこともあって」

Aさんは在宅での副業をあきらめ、大手通販会社の物流倉庫で、夜間に宅配便の荷物をエリアごとに仕分けるバイトを週3日始めた。時給は1450円。翌日が在宅勤務の時は、夕方18時〜深夜2時くらいまで働く肉体労働だ。本業の半分がリモートワークだから続けていられるという。

「正直、自分にはこれしかできないのかとガッカリしました。一体、オレは何をやっているんだろうと」

それでも、定年までに住宅ローンを完済しなければいけない。来年は息子の大学受験もあるので、そのお金も備える必要がある。

「ＹｏｕＴｕｂｅなんかを見ていると、副業で一発当てたと自慢げに話している人がいるじゃないですか。自分も何かできるかも……なんて思ったのがバカでした。もっと早く何かに取り組んでいれば、こんなことにならなかったかも」

Ａさんは、今度は副業でウジウジすることになった。

在宅副業するなら「仕事のリストラ」を

実際に在宅の副業で稼いでいる人は、どのように収入をアップさせていったのだろうか。パソコンを使って、自宅で事務の副業をしているという50代女性Ｂさんに話を聞いてみた。

Ｂさんはひきこもり気味の娘さんに寄り添うため、正社員として働いていた会社を50歳でセミリタイア。元の会社に週3回通勤しながら、在宅で副業をしてきた。

「在宅副業で月に5万円以上稼ぎたいなら、『副業』という考えは捨てた方がいいです。『もう一つの本業』という気持ちでやらないと、収入にはつながりません」

副業開始から5年、Ｂさんは現在、副業で月に10万円ほどの副収入を得ているという。ＢさんはAさんと同じように、プログラミングなどの特別なスキルはない。パソコンで、ちょっとだけ高度なオフィス作業ができるレベルだそうだ。

「私の場合は、リストカットをしてしまう娘を見張らなくてはいけないという事情があり、自宅でできる仕事を探していました。最初から高望みして、高報酬の仕事に応募しても、50代はなかなか採用してもらえません。それより、安くてもできそうな仕事を複数同時にやってみるといいと思います」

Bさんはいくつかの仕事に並行してチャレンジし、コスパの悪い仕事はどんどん辞める「仕事のリストラ」をしていったという。

引き受けた仕事のうちの一つに、月3万円で、とある会社の事務作業をするという案件があった。仕事を発注していたのは、若者が数名でやっているような小さなＩＴ企業だったという。

Bさんは完全在宅で、スタッフの給料の支払い手続きや、ちょっとした調査、データ入力などの仕事を頼まれた。仕事は時給ではなく、月極めなので、仕事を振られれば振られるほど割に合わなかったという。

「ハッキリ言って、時給３００円くらいのレベルでした。時間ばかりかかって、全く収入に結びつきません。しかし、在宅でできるのだから、通常の半額以下でも仕方ないと考えることにしたんです」

そんな割に合わない仕事を3カ月ほど続けた結果、Bさんは発注者に報酬の不満を述べた。

すると、Ｂさんの誠実な仕事ぶりが評価され、最終的には月８万円の業務委託契約を結ぶことになったという。

おじさんが「自分探し」する時代

「ネット上で顔が見えない同士が一緒に仕事をするのですから、発注する側も最初は信頼できる人間かどうかを見極めています。でも、きちんと仕事をすれば、相手も評価してくれるようになります。ただ、報酬を上げるには交渉が必須。黙っていても給料は上がりません」

Ｂさんはその後、ほかの会社とも契約を結び、在宅でデータ入力や事務作業をこなしている。在宅で働く時間は１日当たり４時間程度、家事や本業の合間に行える点もメリットだ。

「こういう在宅ワークを発注するのは、小規模な会社や個人事業主が多く、たくさんの報酬を払ってくれない。会社が潰れるリスクも高いから、複数の仕事をキープしておくこと。とにかく最低半年はあきらめずにいろいろやってみることですね」

さて、話をＡさんに戻そう。

「私も本当は在宅の副業がしたいんです。今後のためにちょっとずつでも、データ入力などの事務仕事をやってみようかなと思っています」

Ａさんにこれからの自分の理想のイメージを聞いてみた。

「できれば何か事業を起こせたらと考えています。それができなかったとしても、人に恵まれて、起業メンバーに入れたらいいなと。やりがいのあることに巡り会いたいし、巡り会わなければいけない」

Ａさんの発言はかなり漠然としていて、「起業」というキラキラしたイメージにとりつかれているように思える。

「とにかく自分探しをしなければいけないなと。僕らバブル世代は、ふざけて生きてきたんです。最初は恵まれていた。でも、自分に何ができるのかを考えてこなかったから、今、何もないんでしょうね……」

中高年のおじさんから「自分探し」という言葉を聞く時代になろうとは。Ａさんのフワっとした夢を応援したい反面、彼の試練はもうしばらく続くかもしれないと思った。

02 「副業の森」をさまようおじさんにありがちな5つのフェーズ

JOB

ピザの配達

政府が副業を積極的に推進した2018年は、「副業元年」と呼ばれている。「多様な働き方」「オープンイノベーション」などきれいな言葉が掲げられていたが、要するに「年金はあんまり期待できないから、ほかにも仕事探しといて」ということだろう。

あれから数年経った今、世のおじさんたちは、「副業の森」をさまよっている。

「副業をしたいけど、何をすればいいのかわからない」

「稼げる副業とは何だろう？」

「ちょっとでも稼ぎたいのに稼げない」

副業の森には、おじさんたちの怨嗟《えんさ》の声が響く。副業で月3万円稼ぐだけでも、苦戦する中高年男性は多い。

さきほどのAさんもそうだが、副業の森をさまようおじさんには、だいたい次のようなフェーズがある。

（1）夢見がち期

「経験や知識を活かした副業をやりたい」と考えるも、何から手をつけたらいいのかわからず、ネットをさまよう。

（2）とりあえず期

小遣い稼ぎになりそうなアンケートモニターやポイ活（ポイントを貯める活動）にとりあえず取り組む。

（3）クリエイティブ期

ブログや動画の投稿をしてみるが、フォロワーが増えず更新が滞る。もしくは、ウェブライターなどの副業に応募するも、「研修費」と称してお金を要求される上に、報酬の安さに絶望する。

（4）開き直り期

結局、手っ取り早く現金が手に入る、時給1000円前後の肉体労働のバイトにいそしむ。もしくは「人の役に立ちたい」と福祉、教育系バイトに携わるも、賃金の安さに挫折する。

（5）絶望とあきらめ期

バイトの労働条件の悪さに辟易し、好条件を求めてバイトを転々とする。もしくは、振り出し（1）に戻る。

中高年男性は副業の「正解」を求めて（1）～（5）の間を行き来する。

あるおじさんの「夢見がち期」とその終焉

エンジニア専門の人材派遣会社に勤める千葉県在住のＣさん（57）も、副業の森でさまようおじさんの一人だ。ＣさんはＩＴ系や機械設計などのエンジニアを、クライアント企業に売り込む営業を担当している。

人材派遣会社にいるなら、「どんな仕事が必要とされているか」「どんなスキルがあれば有利か」など、副業の「答え」も知っていそうな感じがするが、そんなことはないらしい。

Ｃさんが副業探しを始めたのは、２年ほど前のことだ。

「コロナの影響で給料が10％ほど下がったので、月に3万円くらいでいいから副業で稼げないかなあと。コロナ前は東京まで2時間かけて通勤していましたが、今はリモートワークが中心で、時間に余裕もできたので」

Ｃさんの年収は６００万円。それがコロナ後は５００万円台前半まで下がった。夫婦二人の生活だが、住宅ローンもまだ残っている。

「個人でもできるような仕事を探したい。人のためになることで、自分のキャリアを活かしながら、少しでも家計の足しになることをやっていけたらと思いまして」

「人のため」「自分のキャリアを活かす」……。このセリフは、副業を探す中高年男性から必ず聞く言葉だ。しかし、世の中そんなに甘くない。

Cさんは、まずインターネットのクラウドソーシングに登録して仕事を探した。クラウドソーシングとは仕事を発注したい企業や個人と、働きたい人を結ぶプラットフォームだ。

最近は多様なクラウドソーシングサイトがネット上にあるが、発注側も受注側も玉石混淆《ぎょくせきこんこう》で、怪しい仕事が混ざっていることも多い。

「本業の知識を活かして、人材採用のコンサルをやっていきたいと思いました。そうしたら、『新規事業を立ち上げたいので、人材を集めたい』という小さな会社に出会って、しばらくオンライン上でやり取りをしていたんです。ところが、ある日突然、その会社のアカウントごとなくなっていました。そんな感じで、報酬につながったものは1件もありません」

Cさんの第一段階は終了した。

1件1円のデータ入力で手にした報酬

「夢見がち期」を卒業したCさんは、モニターアンケートに回答したり、ポイントサイトでポイントを貯めたりと、小遣い稼ぎに励んだ。ポイントを貯めるために、レシートを大量に集めてスマホで撮影したり、有料動画配信サービスに登録してポイントをもらってみたりもした。

だが、それもだんだんと面倒になり、長くは続かなかったという。

時には、クラウドソーシングで見つけた1件1円のデータ入力という仕事を、5時間かけて500件やった。その結果、500円しかもらえないという現実に絶望しながら。

「いろいろ試しても月3万円どころか、1万円も稼げません。やっぱり自分の体を売る仕事でなければ、収入の目途が立たないと思いました」

　こうしてCさんは、地元のコミュニティサイトで募集していた、「時給1000円、夕方からOK、日払い」というピザチェーン店のデリバリーのアルバイトに応募した。

「アルバイトの時間が17〜22時とあり、1日に5000円稼げるならいいなと思ったんです。若い頃にバイクを乗り回した経験がありますし、リモートワークのために外出が減っていたので、気分転換にもなるかと」

　デリバリーのピザ店は人手不足だったらしく、電話をして店に呼び出されると、即採用だった。

「お店に行くと、コピーにコピーを重ねたような歪んだ履歴書に、名前と住所を書かされて終わりでした。運転免許証の提示もなく、事故に遭った時の保障などの説明は一切ありませんでしたね」

　そのままピザ屋の制服に着替えて、まずは洗い物を片付けるように言われた。ピザを焼くための機械のパーツや焼き網などの調理器具を洗う作業だ。

ただのブラックバイトだったピザのデリバリー

「ピザを焼く機械はベルトコンベア式で、そこで使用する長さ1メートルくらいもある大きな焼き網にこびりついたカスを、これまた大きな洗い場で流すんです。それが済んだら、店内の掃除を命じられました」

お店は40代後半の店長以外に、4人のアルバイトがいた。中年アルバイトはCさんのみで、あとは大学生やフリーターなど若い人ばかりだ。

注文が入ると、店長から配達に行くように指示され、乗り慣れない配達用のバイクで出発。移動範囲は半径3キロ程度で、片道10～15分程度の移動だ。配達から戻ると再び、洗い物や店内の掃除を言い渡される。

「店長は終始イライラしていて、パワハラの典型のような人でした。たぶん、注文が少なくて、赤字が続いているせいなんでしょう」

Cさんにとって、パワハラは問題ではなかった。

「配達は1時間に1回あればいいほうで、仕事のほとんどは洗い場と掃除でした。しかも、注文が少ない日は、たった3時間で帰らされるのです。そういう日は3000円しかもらえない。結局、これまでに1日5000円もらえた日は一度もありません」

月に数回働いて、受け取ったバイト代は月１万円ほど。１日あたり５０００円受け取れると思っていたのに当てが外れた。

「配達も洗い物も、苦ではありませんでした。それより、目標の月３万円に届かなかったことが不満です。このバイトを続けていても収入の目途が立ちません」

こうして、Ｃさんの副業探しは振り出しに戻った。

おじさんもユーチューバーになりたい

厚生労働省が出した「副業・兼業の促進に関するガイドライン」には、副業するメリットについて、「自分がやりたいことに挑戦でき、自己実現を追求することができる」「将来の起業・転職に向けた準備・試行ができる」と書かれている。

しかし、中高年男性が副業で「自己実現」「起業・転職」を手に入れるのは容易ではない。

「僕の知り合いで、会社を辞めて趣味の釣りをテーマに専業ユーチューバーになった人がいます。僕も今からヒカキンになれるとは思っていませんが、定年までに一人で稼げる仕組みを作れたら」

Ｃさん、今度はユーチューバーを目指しているようだ。

「ユーチューバーになりたい」という子どもには目くじらを立てる割に、ユーチューバーになりたがるおじさんは意外と多い。ＹｏｕＴｕｂｅは収益化するために、チャンネル登録者を1000人集めるなどの条件を満たす必要がある（条件はたびたび改定されている）。Cさんに、どんな内容のＹｏｕＴｕｂｅをやるのかと聞いても、「特にアイデアはない」と言う。

一方でCさんは、「人材派遣のコンサルをやりたい」と相変わらず夢を語る。

「第二の人生で成功している人は、自分のスキルを小出しにするのが上手い」

これはリタイアした中高年の再雇用をあっせんする、とある人材派遣会社の担当者が言っていた言葉である。

「いきなり自分のキャリアを前面に振りかざしても無理が生じる。まずは初めて社会に出た新人のように周りの様子をうかがいながら、自分の持っている武器を少しずつ試していくほうが賢い」

現役のサラリーマンが副業する時も、同じことが言えると思う。すぐに「自分の経験を生かして自己実現」を目指しても、空回りしやすいのではないか。

「ピザ店で3時間バイトしても、3000円にしかなりません。でもＹｏｕＴｕｂｅに動画を投稿すれば、最初は0円でも、いつかは50万円になるかもしれませんよね」と話すCさん。彼は副業の森をあと5周はするかもしれない。

03 大手製薬会社の研究員も転職・副業には苦戦する

JOB

アンケートモニター

２０２１年４月、「高年齢者雇用安定法」の改正で、70歳までの就業を確保する努力義務が企業に課されるようになった。「年金、たくさん払えそうにないから、とりあえず会社にいさせてあげて」と国が企業に頼んでいる。

でも、「今の会社に70歳までいられるなんてラッキー」と思う中高年ばかりではない。「え、そんな年まで同じ会社にいるなんてツラすぎる……」と考えるおじさんも多い。

60歳を過ぎると給料が大幅に下がる、そもそもモチベーションがわかないなど理由はさまざまだが、そうなると中高年男性の次なる選択肢は「転職」になる。

もちろん、おじさんの転職はハードルが高い。それは大企業に勤める、高度な専門知識を持つ人も同じだ。結果、転職活動がうまくいかず、「とりあえず副業でも探しとくか」となるおじさんも出る。

大手製薬会社で研究員として30年以上働いてきた関東在住のDさん（50代）も、転職活動に難航し、副業を模索する一人だ。

長年、さまざまな新薬の研究に取り組んできたDさんは、自社の研究所だけでなく、医学部のドクターにも幅広い人脈を持つアカデミックな人生を歩んできた。ところが、3年ほど前に状況が変わる。Dさんが手がけていた、とある病気の新薬の研究が中断されることになったのだ。

「今、新薬の研究はFDA（米食品医薬品局）の基準に合わせなくてはいけません。国内だけで売るなら厚生労働省の基準を満たせばいいのですが、世界で売り出すには、世界基準に合わせる必要があります。私が関わっていた薬のFDA認可基準は非常に厳しく、治験（薬の臨床試験）にものすごくお金がかかるため、会社から開発中止を宣言されました」

長年、ライフワークとしてこの新薬の開発に心血を注いできたDさんは絶望し、社内での研究に心が折れてしまった。

アカデミックな研究者が踏み入った「副業の森」

「とても意味のある新薬だと思って取り組んできた研究をストップさせられて、会社に失望してしまったんです。ほかにも人間関係とかいろいろありまして、思い切って転職しようと考えました」

Dさんは転職エージェントに登録し、ベンチャーや外資系の製薬会社を紹介してもらいながら、転職活動を始めた。しかし、おじさんの転職は、科学者でも思うようにいかない。

「これまでに製薬会社を5社ほど受けました。経営者面接などいいところまでいくこともありましたが、最終面接で落とされるんです。私は英語が苦手で、外資系だと外国人経営者との面接がダメで……。もちろん年齢もネックになっているでしょうね」

ちなみに、Dさんは名脇役俳優の平田満のような、やさしさと誠実さがにじみ出る雰囲気のおじさんだ。中高年男性が再就職でネックになりそうなコミュニケーション能力の低い、プライドが高そうな印象はない。そんなおじさんでも、やっぱり転職は難しいという現実がある。

Dさんのお子さん二人は現在大学に通っていて、あと数年はお金がかかる。家族のことを考えると、すぐに会社を辞めるわけにはいかない。Dさんは社内に残る代わりに、一旦、研究職を退き、別の部署に異動した。しかし、Dさんはそこでも鬱屈とすることになる。

「異動してみたものの、研究職と比べると、仕事は面白くありませんでした。自分としてはクリエイティブなことをやりたい。収入と自分のやりたいことが満たされるならば、転職したいのですが……」

職種変更で収入も減ったDさんが、気分転換にやってみようと考えたのが副業だった。

「今までは副業なんて考えもしませんでした。でも、会社への未練もなくなり、外でいろいろやってみたいと考えるようになって。もちろんお小遣いもほしいので」

そんなDさんが手始めに挑戦したのが、「体験モニター」だ。

薄毛治療の体験モニターのお仕事

体験モニターは脱毛サロン、エステ、保険、結婚相談所などのサービスを実際に利用して覆面調査を行いその感想を伝えるという人気の副業だ。とてもラクチンな上に、2000～1万円ほどの高報酬が受け取れるので、サラリーマンや主婦に人気がある。

モニターのアルバイトをするには、モニター専門の会社に登録するか、アルバイトサイトなどで募集しているモニター案件に応募するなどの方法がある。Dさんは、薄毛や増毛のクリニックを体験するモニターに応募してみた。

「私は薄毛ではありませんし、悩んでもいません。ただ、中高年男性ができるモニターというと、この薄毛治療の体験になってしまうんですよ。ほかのモニターは競争率が高くて、なかなか仕事が回ってきません」

Dさんの任務は、「指定されたクリニックに行き、カウンセリングを受け、その感想をレポートにまとめる」というもの。交通費なしで、1回3000円もらえるという。

大手製薬会社の研究員が、薄毛治療の体験モニターとは、何ともシュールな光景だ。モルモットで実験をしてきた人が、今度は自らモルモットになるのだから。

Dさんは、土曜日の昼間、都内のとある薄毛専門クリニックに出向いた。

「私も植毛しているんですよ、フフフ」

院内に入ると個室に案内され、「薄毛を気にしたのはいつからか、シャンプーは毎晩しているか」など、薄毛に関するヒアリングを女性スタッフから受けた後に、薄毛の最新治療の説明を長々と聞いた。

「女性が話す医学的な話は、私にとっては『とっくに知っている』という情報ばかりでした。でも、モニターの仕事に徹するために『そうなんですか、へー』と初めてのような顔をしていました」

女性スタッフは小型カメラを使ってDさんの頭皮を写し、「森」の中がいかに危機的状況に陥っているかを説明した。Dさんが「50代になれば、どんな人でも多少は危機的状況になるだろう」と思って聞いていると、このクリニックの理事長という、石原軍団のような存在感のある紳士が登場した。

彼はダブルのスーツに白髪交じりのオールバックで、自分の髪を見せながら、「私も植毛しているんですよ、フフフ」と鷹揚《おうよう》な笑みを浮かべ、植毛がいかに簡単で安全に行われるかを話し出したという。

「この御仁は、ちょっとカタギの感じがしませんでした。でも、こういうキャラクターの方にはお目にかかる機会がないので、私には新鮮でした」

Dさんは自宅に帰り、院内の様子やサービス内容について詳細なレポートにまとめて報告した。すると、「とても丁寧な報告で、細部まで伝えてもらえてよかった」とモニターを依頼した会社から言われ、その後も数回にわたって別の薄毛クリニックのモニターを頼まれた。

いずれも都内の自宅から電車で行ける距離で、カウンセリングだけでなく、ヘッドスパなどを体験することもあった。ほかにも、保険相談や脱毛など合計10カ所ほどの体験モニターの仕事をし、2~3カ月で合計2万円ほどの報酬を受け取ったそうだ。

「お小遣い程度の収入にしかなりませんが、いろんな人に会えて面白かったです。研究室の世界しか知らなかった自分には、いい気分転換になりました」

想像以上に厳しいおじさんのセカンドステージ

その後、Dさんはお酒の配達やレンタカーの回収などのアルバイトの面接を受けた。しかしいずれも報酬が安過ぎたり、採用されなかったりと、薄毛モニター以外の副業にはたどり着けていない。

「副業もなかなか難しいですね。車を使う配送業務は、最近、あまり運転をしていないという点がマイナスだったようです。簡単そうに見える仕事でも、おじさんは意外と雇ってもらえないということがわかりました。次は倉庫作業やウーバーイーツにエントリーしてみようかなと考えています」

おじさんが外でできるバイトは、怪しげなモニター体験か、ウーバー、倉庫作業しかないのか。Dさんに、投資など外で働く以外の副業は考えていないのかと聞いてみた。

「私は研究所の世界で生きてきたので数字には強いのですが、世間を知りません。ですから金融の知識にも疎くて、投資などに手を出すのも怖いんですよ。そもそも、子ども二人が大学に行っている最中で、投資の資金を捻出《ねんしゅつ》するのも難しいです」

大企業に勤める正社員の中高年男性という、日本で最も勝ち組なはずの人が、副業や転職で苦戦している。やはりおじさんは「今の会社」という生命維持装置に、しがみつけるだけしがみつくしかないのだろうか。

04 国家資格の試験会場はおじさんだらけ

JOB
マンション管理士

木の葉舞い散る11月最後の日曜日のお昼ごろ。東京・池袋にある立教大学に、緊張した面持ちの中高年男性が次々と吸い込まれていく光景があった。

この日、国家資格「マンション管理士」の試験が全国各地の会場で実施されていた。立教大学は都内の試験会場の一つ。2022年の全国の受験者数はおよそ1万2000人。受験者の9割は男性で、およそ7割が40代以上だ。

「試験会場は、60代のシニア男性と40～50代の中高年男性ばかり。会場全体がごま塩みたいになっていましたね」

2年前にマンション管理士の資格を取得した首都圏在住のEさん（51）は、かつての試験会場の様子を苦笑しながら振り返る。

マンション管理士は、マンションで起こる困りごとを専門知識で解決する「士業」にあたる。「独立して食っていける」「年を取ってもムリなく働ける」という触れ込みで、中高年男性に人気の資格だ。

Eさんはマンション管理士に加えて、「宅建」「管理業務主任者」「不動産コンサルタント」と、不動産に関する資格を4つ持っている。しかし、Eさんの本業は不動産関係ではない。

さらに、Eさんは「中小企業診断士」「CFP（認定ファイナンシャルプランナー）」の資格も保有。いずれもここ数年で取得した資格ばかりだ。

「50歳を目前に、会社を辞めた後のことを考えると、早めに可能性を探っておきたいというのがありました。それで積極的に資格を取ろうと考えて」

Eさんのように、「セカンドステージの準備をしたい。とりあえず資格だ」と考える中高年は多い。こうした資格試験の会場は、受験者のメインが中高年男性ということがしばしばある。

会社員が1000時間の受験勉強をするには

Eさんの本業は、従業員20人ほどのITベンチャー企業の財務担当だ。

Eさんがこれまでに取得したマンション管理士や中小企業診断士は、仕事をしながら合格を勝ち取るにはハードルの高い試験だ。マンション管理士の合格率は7〜11%、中小企業診断士が4〜7%（一次と二次のストレート合格の場合）といわれており、いずれも狭き門である。

「難関資格の士業は、過去問を解きまくるような大学受験の時のノウハウは通用しないと思います。少なくとも1年間で1000時間の勉強は必要。仕事をしながらだと、その時間を確保することがポイントになります」

Eさんは、マンション管理士に合格した時の勉強法を教えてくれた。

「勉強をスタートさせたのが2月、本番の11月の試験までは10カ月ありました。1000時間勉強するには、逆算すると月に100時間、週に25時間。土日の勉強が10～15時間だとすれば、平日は2～3時間を確保しなくてはなりません」

Eさんは隙間時間を有効活用するため、インターネットの通信講座を利用した。受講したのはいつでも見られる授業動画。テキストと課題をiPadのノートアプリに取り込み、タッチペンで書き込みができるようにした。

「授業動画はスマホやパソコンで再生し、iPadに書き込みをしながら聞きます。デジタルだと机に向かう必要がないので場所を選ばない。会社までの通勤時間が50分くらいなので、平日は通勤の往復や会社の休み時間に勉強することができました」

通勤中の、周囲がほどよくざわついている状態が、Eさんには一番集中しやすかったという。

受験勉強は、独学でもいけるだろうか。

「難関の国家資格の場合、独学はおすすめしません。以前『宅建』を取った時は独学でしたが、1年目は不合格で、2年目でようやく合格しました。専門の講座に通うか、通信講座を利用するほうがいいでしょう」

1000時間の努力が実り、Eさんは難関のマンション管理士の合格を一発で勝ち取った。

では、実際に資格を取った後はどうなったのか。

高齢者のパソコン教室と化したマンション管理士の会合

マンション管理士は、マンションに関する法律や建設構造上の専門知識で、マンション住民が作る管理組合の運営のコンサルを行うことが主な仕事だ。

手始めにEさんは、マンション管理士が集まる組織やグループに積極的に参加した。その高齢者率の高さにEさんは驚いた。

「マンション管理士の平均年齢は60～70代で、ほとんど定年退職した人か自営業の人。シニアの同好会のような雰囲気でした。50代の私は若手です」

仕事内容も想定とは違っていた。

「マンションが抱える複雑な課題を、法律や経験をもとに解決していくイメージでしたが、頼まれるのはありきたりな問題ばかり。たとえば、マンション管理組合がマンション管理会社に対して抱える『管理費を安くして』『言うことを聞いてくれない』など世俗的な問題がほとんどで……」

むしろEさんが必要に迫られて積極的に取り組んだのが、おじいさんのデジタル化だった。

「マンション管理士は高齢者が多いので、ＩＴに弱い人ばかり。『Ｚｏｏｍ（ズーム）で会議しましょう』というだけで大騒ぎ。マンション管理士で作る分科会で、私がＺｏｏｍの講習会を開いたくらいです」

Eさんは60〜70代のマンション管理士を集め、「まずこのアプリをインストールして」「つながりましたか？　音が出ますか？」というところから教えたという。

まるで高齢者のパソコン教室だ。

Eさんがマンション管理士で稼いだ金額

さらに、Eさんが危機を感じたのは、集客に難航したことだ。

「マンション管理士が集まると、法律研究会とかマンション管理運営研究会とか勉強会ばっかり。一方で、肝心の新しい仕事を取ってくるスキルを驚くほど持っていないんです」

いくら士業でも、お客さんが来なければお金にならない。

Eさんの周りでは、マンション管理に関する無料相談会などを定期的に開催し、マンション管理組合の人からの相談に乗ることが唯一の集客窓口だ。

ここでは、「初回相談は無料、追加相談は1回○円、定期的な相談は顧問料が○円」というような形で集客する。

「マンション管理士としてこの2年間で稼いだのは、自治体から頼まれる調査や相談会の謝礼などで100万円もいきません。ちょっとした副業にはなっていますが、独立してまとまった収入を得るにはまだまだ工夫が必要でしょう」

本当なら、今すぐにでも独立したいというEさん。

「いつかは、マンション管理士とファイナンシャルプランナーの資格を合わせて生かしていけたらと考えていますが……」

Eさんの中で、せっかく取得した複数の資格という点と点が、まだ線としてつながっていない状態だ。Eさんに「もう一つ取得した難関資格、中小企業診断士はどうするのか？」と聞いたところ、そっちは放置したままだという。

Eさんの話を聞いていると、最も勢いがあったのは受験勉強の時で、今はその勢いが失速しているように感じる。

ちなみに、今回、10年前にマンション管理士の資格を取得したという別の50代男性にも話を聞いたが、彼は資格をまったく生かしていなかった。

「マンション管理士？　ああ、取るには取ったけど、使ってない。持っていて役に立つ資格かと言われても、僕的には微妙だな」

資格試験に活路を見いだすおじさんたち

Eさんはこれまでに2回転職をしている。数年前まで勤めていた2社目の企業は、若い人にどんどん席を譲る「ジョブ型雇用」のメガベンチャーだった。

「メガベンチャーだけに活気のある職場でしたが、昇進レースから外れた途端に居心地が悪くなりました。私と同じように出世の道を断たれて、不安を感じていた中高年もいっぱいいました」

Eさんはリストラに遭ったわけではないが、自らメガベンチャーを去り、今の会社に移った。

「転職して資格も取りましたが、先が見えない状況は今も同じです」

ジョブ型雇用を採用している企業では、中高年男性の大半が不安定な立ち位置に置かれる。リストラにおびえながら、第二の人生の模索を始める人は多い。彼らは次の活路を求め、資格試験を受けるのだろうか。

おじさんたちの「自分探し」は、容易に終わりそうにない。

第2章

上流から下流に

長く延びていく人生で、働き方の転換を求められ、戸惑うおじさんたち。

彼らは気軽に雇ってくれる副業を求めているうちに、人手不足にあえぐ「下流」のアルバイトを始めていた。そこには、これまでの社会人生活では関わることのなかった人との出会いが待っている。外国籍の人、パート従業員、さらにはホームレスがライバルになる人もいた。

今までと違う世界に入り込む、時にはその人たちと協力して仕事をする、セカンドステージではおじさんたちにもう一つの「DX（大胆なトランスフォーメーション）」が求められている。

05

大手メーカーおじさんの「選挙前ならおいしい仕事」

JOB

ポスティング

ネット広告需要の高まりと反比例するように、新聞や雑誌など紙媒体の凋落《ちょうらく》は、もはや誰にも止められない。

その一方で、「紙のチラシ」というアナログな広告を、各家庭に配布するポスティング業界は、じわじわと売り上げを伸ばしている。

「２０２１年 日本の広告費」という調査レポートによれば、ポスティング市場は１２８３億円（前年比１１１・０％）と、事業規模が拡大しているのだ。

かつてチラシは新聞に挟まっていた。でも、「メディアに関する全国世論調査」（新聞通信調査会 ２０２２年）によれば、今や新聞を取っている人の割合は全体のおよそ5割。もっとシビアなデータでは、人口の3割しか読んでいないと言う専門家もいる。

パーソナライズされたネット広告と違い、不特定多数の目に触れる紙の広告は、まだまだ宣伝媒体として重要な位置を占めている。そのチラシを、新聞の代わりに配布しているのがポスティングである。

ただ、現場で配布を行うポスティングスタッフの報酬は、驚くほど安い。報酬単価はチラシ

1枚あたり1〜5円程度（首都圏の場合）。100枚配っても、100〜500円にしかならない。

東京近郊に住むFさん（50代）は、会社員のかたわらポスティングの副業をしている。彼はポスティングで月に6万〜8万円ほど稼いでいるというが、そのためにかなり過酷な労働を強いられている。

翻訳よりポスティングの方が稼げる

大手メーカーに30年以上勤めるFさんが副業に取り組むようになったのは、5年ほど前、お子さんが突然、難病にかかったことがきっかけだ。その病気は保険適用外のため、月10万円ほどの医療費を自費で負担しなければならなくなったのだ。

「給料は20年くらい前から、ほとんど上がっていません。住宅ローンと教育費、さらに治療費が重なって、もう副業するしかない、と。

まずは自宅のパソコンでできる仕事、たとえば、ラーメン店の口コミを書く仕事や得意な英語の翻訳作業などをやってみましたが、仕事が不定期なうえに、月に数千円にしかならなくて……」

そんな時、たまたま自宅のポストに「ポスティングスタッフ募集中」というチラシが入っていた。時間が自由に選べて、近所でできる点に惹かれたという。

募集をしていたのは大手の不動産会社で、配布するのはマンション販売のチラシだった。指定された不動産会社のビルで一緒に面接を受けたのは、赤ちゃんを抱いた主婦や高齢男性が多かった。

「担当者から、『100〜1000戸分を割り当てるので、好きな時間に配ってください。多い人は月に数万円稼いでいます』と言われました。ただ、実際にやってみると、めちゃめちゃコスパの悪い仕事でした」

初めてのポスティングで、Fさんは1週間かけて1000部のチラシを配った。配布エリアは自宅の近所のマンションや団地などの集合住宅。1000部を配るのに、1日当たり2時間、合計4〜5日かけたという。ところが報酬は1枚1円なので、10時間働いてもたった1000円しかもらえない。

一番ギャラのいいチラシは自民党

次第に慣れてくると効率よく配れるようになり、配布枚数も増え、1週間に2000部を担当するようになった。

「それでも1カ月に稼げるのは8000円。でも、ポスティングはやればやるほど収入が入りますし、確実に稼ぐにはこれを続けるしかないと思いました」

ポスティングを始めて1年ほど経ったころ、ポスティング中にライバルの不動産会社から、「単価を1・5倍にするから、ウチで働かないか」とスカウトされた。Fさんは、すぐにそちらに乗り換える。

さらにコロナ禍に入り、リモートワークで出社が週1回になった頃は、追加で2社のポスティング会社の仕事も受けはじめた。外食のチラシやフリーペーパーなど、1週間でおよそ5000～1万5000部を配る。報酬単価はチラシによって異なるそうだ。

「質の悪そうな紙を使っているところは、単価が1枚0・75円と激安。それが自民党の国会議員のパンフレットなどは2・5～3・5円とおいしいと聞きます。選挙前の時期はそういう仕事が入る。政党のチラシは紙の質も良くて、お金をかけているらしいです」

マンションや団地は配りやすい。タワー型マンションは300～400戸入っているので、一気にさばくことができる。今ではFさんは300戸の配布を、およそ30分で終わらせているという。

「ご近所さんに見られることもあるかもしれませんが、気にしていたらやっていられない。開き直ってやっています」

平日は朝4時に起きて5時から1時間半ほど配布。土日は朝昼晩と、3回くらい出勤している。こうして月に6万～8万円まで稼げるようになった。

「労働時間と比べると、見合っているとは思いません。しかし、本業とかけもちできる仕事というと、経験から言ってこれが一番マシということになります」

幽霊のように気配を消して働くヤマさん

ポスティングの仕事は、Ｆさんのように不動産会社のようなところから直接依頼される場合と、ポスティングを専門に行う業者から依頼される場合の2種類がある。筆者は都内にある中小のポスティング専門の会社に問い合わせ、実際に仕事をやってみた。

まず、「研修をするので来て欲しい」と言われる。「ポスティングで研修？」と思ったが、とりあえず指定された商店街の一角にあるポスティングの事務所に出向いた。事務所には、ピザ屋やリフォーム会社などのチラシがところ狭しと積み上がっている。

配布するエリアを指定した地図と、首から下げるＧＰＳを渡された。ＧＰＳは「住民から苦情が来た時のために、どのエリアを撒いたのか把握しておく用だ」という。ポスティング会社の中には、ちゃんと配布しているかＧＰＳで監視したり、後ろから自転車で見張ったりするところもあるそうだ。

渡されたチラシは５００枚。教えてくれたのはヤマさんという、この道20年の40代男性だった。ゴム製の指サックをはめ、肩掛けのカバンにチラシを入れて両手が空くようにし、左手でポストの口を開け、もう片方の右手でチラシを入れると効率がいいと教わった。

ヤマさんは関西の大学を卒業後、お笑い芸人を目指して上京したが、現在は廃業し、当時から続けていたポスティングで生計を立てている。1日に5000枚前後のチラシを配っていて、月の収入は20万円弱、業務委託のような形で働いているという。

ヤマさんの周りで働くポスティングスタッフはほとんどが男性で、専業で働く人も多いそうだ。中には月に50万円稼ぐ人もいるという。ポスティングが、副業ではなく本業ということにちょっと驚く。

「50万円稼ぐ人はヤバいですよ。とにかく人が見ていようがいまいが、ポストがあれば入れまくるんです。入れる姿は完全に病んでます」

ヤマさんは玄関や家の中に人影がある時は、ポストに近づかない。周りに人がいないポストにだけこっそりと入れていく。管理人がいるマンションには、わざわざ夜に入れに行くそうだ。

「オレは気が小さいんで……」

ポスティングは許可を取ってやっているわけではないので、集合住宅では管理人やガードマンがすっ飛んで来たり、戸建てでは家主が家からわざわざ出てきて「入れるな!」と怒鳴りつけられたりすることもある。ヤマさんも、イヤな目に遭ってきたことだろう。

世界の片隅には、人目を避け幽霊のように気配を消して働く人がいるのだ。

選挙公報もポスティング業者が配布

この日、筆者が担当したのは1枚あたり2円のチラシ。エリアはそれほど広くないが、戸建て住宅を回ったので、300枚のチラシを配布するのに4時間ほどかかった。集合住宅なら、戸建ての半分以下の時間で終わるという。

500枚をすべて配り終えないと、報酬の1000円はもらえない。歩くことには自信がある方だが、周囲の目を気にしながらやっていたせいか、通常の散歩よりものすごい疲労を感じた。

「残りは時間がある時にやってくれればいいから」

ポスティングを終えて戻ると、事務所にはTシャツ姿の社長がいて、ねぎらいの言葉をかけてくれた。仕事を続けてくれる人が少ないらしく、対応はとても丁寧だ。

この社長によれば、国政選挙の前には選挙公報を配る仕事があり、これがかなり高報酬なのだという。選挙公報とは、選挙に立候補した候補者をすべて掲載する、公費で刷られる白黒の文書だ。

かつて選挙公報や自治体の広報誌は、新聞と一緒に届けられていた。新聞の購読者数の落ち込みで、こうした公的な配布物までポスティング業者に頼っているのだ。

ポスティング事業は、郵便局をはじめ大手の運送業者も参入しているが、実際は人手不足で、中小のポスティング会社に仕事が流れてくるらしい。

この社長の話では、選挙公報は厚みがあるうえに、配布期限が短いため、単価は1部8円（東京都内の場合）。Ｆさんが言うように、選挙前にはいろいろおいしい仕事があるようだ。

ちなみに、筆者が担当したチラシは、その後、家族に手伝ってもらいながら2日ほどかけて配布を完了させた。これでたったの１０００円。世の中には、最低賃金を下回る労働がまだまだあることに驚かされた。

06 「本業は環境保全活動」と言い張るけど……

JOB
アルミ缶回収

ウクライナ戦争などの影響で、２０２２年からアルミ製品の高騰が続いている。

金属リサイクル業者のアルミ缶プレスの買取価格は、２０２０年まで1キロ当たり30～50円程度だった。それが２０２２年春に１８０円前後まで高騰した（日刊市況通信社「アルミ指標相場・スクラップ価格推移」）。

アルミと言えば、資源ごみ回収の日にホームレスが集積所からアルミの空き缶を持ち去る姿を見かける。ホームレスのおじさんが空き缶でパンパンに膨らんだ大袋を自転車やリヤカーに積み込んで移動している姿を見ると、かなり切ない気持ちになる。

筆者もゴミ捨ての日に、ホームレスのおじさんに空き缶を渡したことが何度かある。ホームレスは、この空き缶回収で得るわずかな日銭で暮らす人が多い。でも、アルミ価格高騰の影響で、このホームレスの「シノギ」に、一般人が参入している。

アルミ缶回収で2年前から収入を得ている大阪府在住のGさん（63）もその一人だ。

「アルミ缶集めは環境整備クリーン活動！アルミをリサイクルすることは、海外からの輸送で発生するCO_2を抑制するから、地球規模での温暖化防止と環境保全に役立っているよ」

終始、テンションの高いGさん。アウトドア系のウィンドブレーカーにカーゴパンツ、ナイキのキャップをかぶる姿は、どこにでもいる普通のおじさんだ。

ホームレスを遠ざけるため「空き缶パトロール」

Gさんの「環境クリーン活動」は、道端のゴミを拾い歩いているのではない。ゴミ集積所や自動販売機のゴミ箱から、勝手に空き缶を失敬している。やっていることはホームレスと変わらない。

「春は気まぐれなお天気がいやだね。雨が降ったり止んだりする日は困るよ」

Gさんは倉庫や工場などの単発バイトをしながら、この空き缶の回収を「本業」にしている。そもそもGさんが空き缶回収を始めたきっかけは、「ホームレスを遠ざけるため」だった。

「自治体の空き缶回収日の早朝に、ホームレスのおいちゃんたちが空き缶集めに近所をウロつくのが目ざわりだった。そこで集積所の空き缶を一時的に自宅の車庫（車はない）に保管して、ゴミ収集車が来たらすぐに手渡していたの」

集積所の空き缶を勝手に預かっていいのか……と思ったが、そこは一旦措《お》いておこう。収集車の時間が不規則なため、次第にゴミの手渡しができなくなり、Gさんの車庫には空き缶が溜まっていった。

「仕方がないから、自分で金属リサイクル業者に転売することにしたの。そしたら結構いい値で売れることがわかって」

　Gさんが空き缶回収を始めた２０２１年初頭は、アルミの買取価格が１キロ当たり１００円を超えた頃だ。

「アルミ缶は1円弱の現金が路上に放置されているようなもの。持ち込めば即日現金が手に入る。こんな仕事は他にないよ」

　Gさんは近所のゴミ集積所だけでなく、自宅から半径5〜7㎞以内を毎晩「パトロール」する。Gさんのこだわりは「ホームレスとの差別化」だ。

「ホームレスのおいちゃんは透明な袋で空き缶を集めているけれど、僕は白い袋だから、中身が見えないのでオシャレでしょ」

「ホームレスは日中に集めるからものすごくジャマ。空き缶を潰す音もうるさいし、みんなにメイワクをかけているけれど、僕は夜にやっているし、住宅のそばではやらないようにしている」

　ホームレスへの差別は許されることではない。しかしGさんの彼らへの蔑視は露骨だ。傍《はた》からは同じように見えるからこそ、違いを強調して、線引きしておきたいのだろうか。

空き缶拾いの恐るべきライバル

空き缶収集は簡単なようで、意外と難しい。

筆者も空き缶を収集してみようと都内各所をウロついてみたが、今の日本に空き缶は驚くほど落ちていない。空き缶を集めるなら、ゴミ集積所や自販機のゴミ箱から強奪するほかないのだ。

「何曜日の何時頃にどの町内のどこに行けば空き缶があるか、野生のカンみたいなのが働くんだよ。鷹や鷲が高いところから獲物を狙うような感じかな」

空き缶は早いもの勝ち。しかも、いつ誰が空き缶を捨てるかは予測が難しい。ライバルはホームレスのほかに、30〜80代までの男女だという。

Gさんは夕食を終えた20時頃から回収を開始する。時には夜明け前まで自転車で回り、空き缶を集めまくる。

350ml缶の重さは15グラム。1キロのアルミを集めるには約70個の空き缶が必要だ。自転車の荷台に籠を載せ、さらに前の籠とハンドルにも袋をくくりつけて運ぶ。不安定だが、最大60キロまでは積み込めるそうだ。

30キロの空き缶を収集するのにおよそ3〜4時間、長い時には7〜8時間くらいかかることもあるという。

回収したら今度は夜の公園で、缶にねじ込まれた煙草の吸殻やティッシュを除去する。これは決して気持ちのいい仕事ではない。

「僕はこう見えて潔癖症。人が口をつけたものを触るから、1日に何度も手洗いをする。そのせいで手の油分が奪われて、あかぎれがひどくなり痛くてしょうがない。軍手は作業しづらいからはめていない」

空き缶はハンマーで叩いてぺちゃんこにし、日中に金属リサイクル業者まで運ぶ。

アルミは高騰しているとはいえ、1キロ当たりの買取価格が180円なら高いほうだ。都内のいくつかの金属リサイクル業者に問い合わせてみたところ、買取価格はかなりバラつきがある。平均すると1キロ当たり80〜100円くらいが多く、中には30円というところもあった（2023年5月時点）。

「買取価格は変動するし、リサイクル業者によってもまちまちだから、よく調べないとダメだよ」

Gさんは今、1キロ当たり150円以上の価格でなければ売らないという。

1キロ150円として、3時間で30キロ集められるなら、缶を掃除したり潰したりする時間も入れると時給1000円前後といったところか。

それなら東京都の最低賃金1072円、大阪府の1023円（2023年5月時点）とほとんど差はない。空き缶回収をする人が増えているのもうなずける。

「空き缶回収で、月に10万円弱は稼げるよ」

空き缶回収業のプライド

Gさんにもサラリーマン時代があった。大学を出てから新卒で勤めた会社は、輸出商社だったという。

「家電メーカーの輸出部門から独立した子会社だった。当時は日本製品が一人勝ちしていた頃だったから、会社も儲かっていた。でもパワハラ・セクハラは当たり前の封建的な社風で、それが合わなくて辞めちゃった」

その後はベビーカーの製造をやっていた実家の工場を継いだが、少子化でその商売も畳んだ。結婚は一度もしていない。今は80代の母と二人暮らし。現在の収入は空き缶回収と工場などの単発バイト、さらに趣味の釣り道具を売却するなどして月15万円程度だという。

年金は「どうせもらえないから払っていない」とのこと。持ち家なので住居費はかからないが、貯金はまるでないそうだ。

「空き缶回収を始めた頃は、格好悪さと恥ずかしさでいっぱいだった。これまで経験した仕事でこんな思いをしたことはなかった。だから人通りの多い日中にはやらない」

Gさんにこの仕事のいいところを聞いた。

「自由なところだよ。地区ごとの空き缶回収日を狙う以外は、自分の勝手で動ける。拘束されないからいいよ」

今後に不安はないのか。

「今心配なのはアルミ価格の暴落。1キロ当たり90円以下になるとキツイね。あとは自転車のパンク。タイヤ交換が必要になるとちょっとした出費になるから。空き缶回収は死ぬまで続けていくつもりだよ」

理想の老後を聞いたところ、宝くじか競馬で一発当てられたらとのことだった。

自由さと「環境保全」という使命感、そしてアルミニウムの価格高騰がGさんの「仕事」を支えている。

「これから夏になるから、炭酸水やビールを飲む人が増えて、空き缶の数も増えるよ。今夜は晴れ！回収には適しているね」

しきりに天気を気にしながら、Gさんは元気よく去っていった。

江戸時代の経済小説、井原西鶴の『日本永代蔵』に、貧しい母子がゴミを拾い集めて巨額の財を築く話が出てくる。資源の少ない日本では、リサイクルは古くから続く生活の知恵でもある。

おじさんがゴミをお金に変えているのは、日本が貧しくなったと嘆くべきか。それとも地球規模の環境保全に貢献していると喜ぶべきなのだろうか。

07

進む晩婚化、元テレビプロデューサーと〝蟹工船〟

JOB

倉庫作業

おじさんから副業の話を聞いていると、しばしば登場するのが「倉庫作業」である。物流倉庫などで荷物の仕分けやピッキング、箱詰めなどを行う単純作業だ。1日限りの単発でも働けて、常に募集があるため、取り組んだ経験がある人は多い。

とある人材派遣会社の人に話を聞いたところ、ここ数年で倉庫のアルバイトは中高年男性が急激に増えているという。コロナで収入が減少した人、リタイアして収入を増やしたい人などが来るようだ。

しかし、オフィスでデスクワークをしてきたサラリーマンにとって、倉庫作業は環境も仕事内容も大きく異なる。すんなり馴染める仕事なのだろうか。

筆者は、物流倉庫の単発バイトに初めて挑戦してみた。アルバイトサイトに住所や生年月日が確認できる本人確認書類を登録するのみで、職歴や経歴の申告は必要ない。登録が済むと、最短で翌日にはバイトに就くことができる。

選んだのは「時給1100円、交通費なし、倉庫内カンタン作業!未経験者OK」と書かれた求人だ。

おじさんバイトを指導するフィリピン人女性

土曜日の朝9時、倉庫専用のバスが迎えに来てくれるという関東近郊の最寄り駅に降りた。どんなバスが来るのかと思ったら、観光地の旅館の送迎バスのようなマイクロバスだ。その駅から乗り込んだのは、筆者と40代くらいの男性の二人だった。

高速道路の高架下を過ぎると、そこは物流倉庫が並ぶ工業団地。メーカーのロゴがデカデカと掲げられた飾り気のない巨大倉庫の間を、運送会社のトラックが次々と通り過ぎていく。

到着した倉庫のエントランスは、意外にもビジネスオフィスのようだった。床は真っ白い石のタイルで、ピカピカに磨かれている。男女別の広々としたロッカールームがあり、休憩所にはお菓子や軽食の自動販売機と大型テレビ。どこもかしこも小奇麗なのは、女性が多い職場だからか。

新人はサッカーの試合などで身に着ける黄色いビブス（ゼッケン）を着用させられた。集まったバイトの半分は、ビブスをつけて不安そうな面々だが、その隣で「今日は何の作業をやるんだろうね」と口々に語り合っているのは、常勤のパートの中年女性たちだ。

「それでは、みなさん移動しましょう」

作業服姿のお兄さんが、親切な声でみんなを倉庫に誘導する。案内された途方もなく広い倉庫はローラーコンベアが小川のようにうねり、ダンボールがところ狭しと積み上がっていた。

この日、作業するアルバイトは全部で40人ほど。若い人は数名しかおらず、女性も男性も40代以上の中高年ばかりだ。40～50代の主婦と思われる人たちの中には、東南アジアや中国出身と思われる一団もいる。

中高年の男性は10人弱ほどいた。そのほとんどが新人用ビブスを付けているので、今日初めてここに来た人ばかりのようだ。

「コレクライ、緩衝材ヲ入レナイト、怒ラレルカラ、注意シテネ」

東南アジア出身の主婦が、新人のおじさんの指導にあたる。ここでは彼女たちが一番のベテランなのだ。世間一般とはあべこべの上下関係は不思議な感じだ。筆者に教えてくれたのはフィリピンから30年前に来日した女性。この倉庫では1年ほど働いているそうだ。

倉庫バイトは現代の「蟹工船」なのか

この日の作業は商品の梱包。ダンボール内の商品の隙間に緩衝材の紙を詰め込み、テープでダンボールのフタをする。これを作業台の上でひたすら繰り返し、コンベアに流していく。

単純な仕事だが、ずっとやっているとなかなかいい運動になる。倉庫内は寒いと聞いていたが、10分ほどでじんわりと汗がでてきた。腕を動かす作業なので、デスクワークをしている人には、肩こりの解消になるかもしれない。

昼休みは1時間、ロッカールームの近くに設けられたカフェテリアが利用できる。ここには無人レジのコンビニもあり、広々とした窓から東京湾が一望できた。物流倉庫は現代の「蟹工船」のようなところかと思っていたが、想像とは違った。

ここで毎週土曜日に副業しているという首都圏郊外在住の会社員のHさん（57）に話を聞くことができた。

Hさんは大手コンテンツ制作会社に30年以上勤める、穏やかで優しい雰囲気のおじさん。30〜40代の頃はテレビドラマのプロデューサーをしていて、2時間ドラマや時代劇、特撮ものを制作していたという。華やかな世界にいたはずのテレビプロデューサーが、なぜ倉庫でバイトしているのか。

「プロデューサーをやっていたのは過去の話です。今は社内の映像作品の整理部門にいますから、大した仕事はしていません」

整理部門にいるのは全員が50代だという。どんな仕事かといえば、過去の古い映像を最新の技術で修復する作品のリストなどを作成している。修復作業は専門の技術者の担当で、Hさんたちがやるわけではない。アナログ派のHさんたちはコロナ禍でも、毎日出勤していたという。

「リモートワークになってしまうと、私たちは本当にやることがないですから」

メディアの世界といえど、入れ替わりは激しい。一度現場を離れると、つぶしの利かないおじさんになってしまうのだろう。

会社に顔を出すだけで、仕事らしい仕事がないまま給料だけをもらっている人を、巷《ちまた》では「働かないおじさん」とか「妖精さん」と呼び揶揄《やゆ》している。Hさんも妖精の一人なのだろうか。とはいえ、Hさんの年収は７００万円程度だという。副業までする必要はなさそうだが、「なぜバイトしているのか」と聞いたところ、納得の理由が返ってきた。

〝アラ還〟を襲う住宅ローンと教育費

長らく独身だったHさんは、50歳を目前に結婚。お子さんにも恵まれた。

「まさか自分が結婚するとは思っていなかったんですよ。息子はまだ小学生になったばかり。さらに困ったことに、マンションも購入してしまったんです」

たまたま訪れた新築マンションの内覧会で、ローンが組めると言われ、決めてしまったのだ。30年ローンで購入した４０００万円の新築マンションの返済額は、月々15万円。Hさんの会社の定年は65歳だが、60歳でいったん区切りがあり、給料がそれまでの7割くらいになるという。ローンは退職金で完済するつもりだそうだが、その額は１５００万円程度だ。

さらに退職するころには、お子さんの教育費もかかるだろう。しかも、もともと独身で通すつもりだったHさんの老後資金は会社の財形貯蓄のみ。年金の受給額は年間170万円くらいの見込みだから、老後資金も少しは準備しておく必要がある。

聞けば聞くほど、この先大丈夫なのかと心配になる。ファイナンシャルプランナーが見たら、「今すぐ家計の見直しを！」と言われそうな案件ではないのか。

本来、Hさんくらいの年齢だと、子どもの進学費用と住宅ローンの支払いに終わりが見えて、老後資金を貯めるべき時期だ。しかし、Hさんの場合、「住宅資金」「教育資金」「老後資金」の三大支出が同時進行している。バイトでもしなければ、いつか限界が来るだろう。

「そうなんですよ、稼げるときに稼いでおかないといけないんです。でも先日も、息子にせがまれて、近所のシティホテルで開かれた『鬼滅の刃』のイベントに行ってしまいました。レストランやグッズの購入で2万円も使ってしまって……」と笑っている。

Hさんのように45歳以上で初婚という男性の割合は、この40年で10倍に増えている。晩婚化やライフスタイルの多様化で、アラ還（アラウンド還暦）になっても現役で働き続けなければいけない人もいるのだ。

日本の未来予想図

Hさんがマンションを購入して以来、バイトとの「二足のわらじ」生活はすでに5年目に入る。平日は会社、土曜日はバイト、休みは日曜のみという1週間だ。

体がきつくないか尋ねると、「普段、会社では座りっぱなしで、体を動かさない。むしろバイトはいい運動になるんですよ」。

Hさんは去年1年間だけで、2キロ痩せたという。

バイトが怒鳴られるなど管理が厳しい現場もあるそうだが、この倉庫でそういう風景はなかった。Hさんは「いろんな現場を試して、仕事がしやすいところを選べばいい。イヤなところは1日で辞めればいいから」と話していた。

テレビプロデューサーだったのなら、動画配信などの副業にチャレンジしないのかと聞いてみたが、Hさんは首を横に振った。

「数字が稼げそうな企画があればやってみたいけど、いいアイデアがなくてね。お金を稼ぐとなると難しいでしょう。子どもがご飯を食べている動画を投稿してもしょうがないからね」

企業というベルトコンベアに乗っていれば、安寧な老後という出口へと運ばれていくはずが、いつの間にかゴールはどんどん先へと伸びている。しかし競争からこぼれ落ちると、倉庫作業しかできなくなるのか。

中高年が地味に働く現場は活気がなく、日本の未来予想図のようにも見えた。若い人たちはもっと時給のいい、別のアルバイトをしているのだろうか。

08 ブラジル人と一緒に工場で働くデザイナー

JOB

組立工場

もう一人華やかな現場から、「下流」の世界で副業をしている人に出会った。

大手企業の広告デザインを手掛けてきたデザイナーのIさん（52）は、清潔感のある白トレーナーに、小粋なハンチング帽をかぶるイケオジ（イケているおじさん）だ。「広告デザイナー」という肩書がぴったりな、ギョーカイ臭を漂わすおじさんである。

「広告業界って、どこもブラックだから忙しかったよ。以前の事務所は青山と恵比寿にあったんだけどね……」

そんな彼は1年ほど前から、ブラジル人の住む町にある、あるメーカーの製造工場で、外国籍の人に交じって副業バイトをしている。彼が畑違いの職場で、外国籍の人と一緒に働くことになったのはなぜだろう。

鳩サブレーの缶に現金100万円の札束

Iさんが社会人になった1990年はバブルの真っただ中。大手広告代理店の子会社に就職したＩさんは、潤沢な資金を垂れ流すバブル時代を味わった。

「上司が連れて行く銀座のすし屋やてんぷら屋は、会社のツケにするのが当たり前。次長の机に１００万円の札束が入った鳩サブレーの黄色い缶があって、僕たちはそこから必要な経費を勝手に出していた。おつりの小銭は空きビンに入れて、半年に１回、その小銭で飲みに行くのが恒例だった」

当時、Ｉさんの周りでは、米アドビシステムズの画像編集ソフト「Photoshop（フォトショップ）」を使いこなせる人が少なかった。そうしたスキルを持っていたＩさんは数年でフリーのデザイナーとして独立するが、仕事が途絶えることはなかったという。

その後のバブル崩壊もくぐり抜け、Ｉさんは自分のデザイン事務所を立ち上げる。都内に事務所を構え、小さいながらも最盛期には20人ほどのデザイナーを抱えていた。

「ＩＴ革命後の20年間も、売り上げはずっと右肩上がり。有名アパレルメーカーや飲料メーカーなど、広告代理店から発注される大手企業の広告デザインを請け負ってきた」

そんなＩさんがつまずくことになったきっかけが、新型コロナだった。

「僕の会社が手掛けた広告は、店頭を飾るポスターや電車の中刷り広告など印刷媒体がメイン。ところが、コロナ後はネットの広告デザインが中心になった。僕の会社は、そうした仕事をほとんどやってきていなくて……」

１０００万円以上あったＩさんの年収は、３００万円くらいまで落ち込んだという。Ｉさんは、会社の規模を縮小し、都内の自宅を引き払い、妻の実家がある、東京から新幹線で片道1時間の地方都市に拠点を移した。

地方では通じない東京の業界用語

Iさんは東京の広告代理店から地元の広告代理店を紹介され、新たなクライアントを探すことになった。ところが、そこで壁にぶつかる。

「地元企業の人と話をしても、そもそも言葉が通じない。僕の感覚で言うと、10年くらい前の話をしているような感じ。

たとえば、『デザインのデータを作って、その先をネットに流すか紙に印刷するかはお客さん次第』という話をしても、『ネットに流すって、どういうこと?』と聞かれる。一体、どこから説明すればいいんだと」

Iさんは地方に移って3カ月ほどで、新しい仕事を取ることを諦めてしまった。

「東京と地方では、仕事のレベルが違い過ぎる。だから会話が続かない。その後、東京の広告代理店からの仕事が徐々に回復したので、もう地方で仕事を取らなくていいやと開き直ってしまって」

コロナ前とまではいかないが、コロナ前の半分くらいは仕事が戻ってきた。デザインの仕事はリモートでもできる。物価や家賃が安い地方にいれば、今の年収でも何とか暮らせる。Ｉさんは、打ち合わせや撮影などが必要な時だけ上京することにした。

体は地方にあるのに、心は東京にある二重生活。ギョーカイ臭をまとい、地元に溶け込むことがないまま、Ｉさんの地方生活は1年が過ぎた。

ある日、朝の散歩中に、近所にある工場に続々と吸い込まれていく人の群れが、Ｉさんの目に留まった。１００人はいるかと思われる労働者の９割は、外国籍の人たちだった。

そこはあるメーカーの下請けとして、電子部品組み立てや検品を行っている工場だった。Ｉさんはなぜか興味を惹かれる。

「デザインの仕事がもらえないから、この土地の人との交流は皆無。ここでじっとしていても何も生まれない。運動不足も解消したいし、家計の足しにもなる。今まで見たことのない世界を見るのもアリかなと思って」

工場の時給は１１００円。Ｉさんは本業の合間に週に１～２日ほど、この工場で副業することになった。

日本語が通じるのは10人中1～2人

初出勤では、いきなり外国籍の人たちの行動に驚かされる。

「9時始業なのに8時55分に行っても、工場にほとんど人が見当たらない。時間を間違えたのかと慌てていたら、9時になった途端に、雪崩《なだれ》を打ったように人が集まってきた。彼らには『5分前行動』という文化がないみたいで」

ここでの作業は、電動ドライバーを使って、基板のねじ止めなどを行うというものだった。およそ100工程のうち、10工程くらいを1～2週間で仕上げ、それぞれのパーツを作りだめし、徐々に部品をつなぎ合わせていく流れだ。

「もし働いているのが日本人の学生アルバイトだけだったら、1カ月くらいで終わるような作業。しかし日本語が通じない人ばかりなので、効率が悪く、完成までに2カ月以上はかかっていた」

年齢層は20～40代で、男女比は半々くらい、ブラジル人、フィリピン人、ペルー人などが多かった。

中でもIさんの住む県は、日系ブラジル人との共存の歴史が長い。日本の人手不足を補うために90年代に来日した彼らは、すでに二世三世の時代になり、日本しか知らない世代も増えている。

それなのに、日本語が不自由な若いブラジル人が多いことに、Iさんは驚かされたという。

「この工場は来日して15～30年以上という人が多いのに、日本語の会話が成立するのは、10人中1～2人程度。日本人なら5分でできる作業も、言葉が通じないと教えるだけで30分はかかる。工場の社員たちはキレながら日本語で説明し、時にはコミュニケーション自体を放棄してしまっていた」

工場で出会った外国人労働者の破れた靴と白米だけの弁当

全国の自治体でもブラジル人が多い群馬県大泉町の30年の歴史を取り上げた『サンバの町それから外国人と共に生きる群馬・大泉』（上毛新聞社２０２２年）を読むと、日本語が満足に話せないまま、日本社会で孤立を深めるブラジル人の姿が描かれている。

Ｉさんが工場で出会ったブラジル人の多くも、日本語が不自由で、表情には覇気がなく、生活の苦しさが露骨に出ていた。

「穴の空いたスニーカーに、毎日同じ服を着ている人が多い。持参した弁当はおかずがなく、白米とふりかけのみ。僕の推測だけれど、工場で働いているブラジル人は言葉にハンデがあり、自動車工場などで働き続けられずにここへ来たのではないか」

Ｉさんは新しい同僚とのコミュニケーションに努め始めた。

日本語が話せない人とはカタコトの英語で、日本語も英語も話せない人とはその場で聞いたポルトガル語を持ち帰り、自宅で翻訳ソフトなどを使って調べた。

会話を重ねるうちに、Ｉさんはポルトガル語が少し話せるようになり、彼らの家庭の事情も少しわかってきたという。

「在留期間が長くても、母国のコミュニティだけで暮らしている人は、納豆や刺身などの日本食が苦手。子どものころから日本にいても、『日本の学校でいじめられて、学校にはほとんど行っていない』という人は言葉に難があった」

Iさんの話を聞いて、アフリカ、中東、東南アジアなどで30年以上、エンジニアとして働いてきた知人の言葉を思い出した。彼は「グローバルに活躍できる人の素質」についてこんなことを言っていた。

「言葉は大切なツールだが、それ以前に大切なのは相手と対等な関係を築こうとする気持ち」

これは、海外で仕事をする人に限った話ではないと思う。

「グローバルな人」ってなんだ？

Iさんは地方に来た時、地元企業の人と「話が通じない」と嘆いていた。もしかしたら、Iさんは地方の人をどこか下に見ていたのではないか。

反対に、工場のブラジル人たちとは「よそ者」という共通点があったから、言葉の壁を越えようと気持ちが動いたのかもしれない。

相手を見下したり、極端にへりくだったり、「心の壁」は言葉の壁より分厚い。

Ｉさんが工場の副業を始めて1年が経った。週に1回の出勤だが、工場にはたくさんの知り合いができた。ポルトガル語に加えて、最近はスペイン語をググりながら使うこともあるそうだ。

「もうしばらく、このバイトは続けようと思っている。いろいろ考えさせられることが多かったし、デザインの仕事を続けられるありがたみもわかったから」

新しい世界に飛びこんでみたら、今まで見えなかったものが見えてきた。副業おじさんたちの心のグローバル化は、今始まったばかりなのかもしれない。

Column ― Undercover interview
体験取材

ホワイトカラーがおびえる〝下流の宴〟

副業バイトを経験したホワイトカラーおじさんたちが、「もう絶対にやりたくない」と声を揃える現場がある。それが食品工場だ。

食品工場は仕事が単純でつまらないうえに、危険が多く、働いているパートさんに意地悪な人が多いという証言は、これまで数々の中高年男性や派遣会社の社員などから聞いた。

住宅ローンの支払いのために、週末に倉庫でバイトしているある50代男性は、「食品工場は一度だけ働いたけれど、もうすごかった」と困惑気味に話していた。

食品工場、一体何がそんなにすごいのか。そのすごさを味わうため、筆者はあるスイーツ工場の「時給1400円、1日からOK」という求人に応募した。

白衣の肩にマジックで書かれた「ビビアン」「ホアン」

工場に出勤する時間は朝8時。工場の最寄り駅から、送迎用のマイクロバスに乗り込み工場に向かう。乗り込んだのは50～60代くらいの女性が多く、夏休みのせいか同じくらいの数の大学生もいる。

そして6～7人に1人、60歳前後と思われる中高年男性が交じっていた。服装やたたずまいで、ホワイトカラー経験者だということは、なんとなくわかる。

週末などに副業バイトするホワイトカラーに人気なのは、試験監督やワクチン接種会場の案内係だ。だが、それらの定員が埋まってしまうと、おじさんたちは物流倉庫などのバイトを選ぶ。それでもいい仕事がなければ、次に候補となるのが食品工場である。

単発バイトの中でも、食品工場は下流の位置にあるのだ。

工場の建物に入ると、頭から足まですっぽりと白衣に覆われたおよそ100人近くの人たちが、始業を待ってうろうろしていた。

そこにいる外国籍の人たちの多さにまず圧倒される。

白衣の肩にマジックで、「ビビアン」「ホアン」などカタカナで名前を書かれている人が6割以上を占めている。後からわかったことだが、彼らの出身国はブラジル、ネパール、中国、ベトナム、フィリピンなど世界のあらゆる地域にまたがっていた。

実際、こうした単発バイトの現場はダイバーシティな環境だ。外国籍の人だけでなく、主婦、高齢者、障害がある人、フリーターやギグワーカーなどいろいろな人に出会う。リモートワークをしているホワイトカラーの方が、狭い世界で生きているのかもしれない。

社員もパートも単発バイトも、すべて白衣とマスクで覆われて目だけ出している。雇用形態や経験年数は、腕にはめる腕章の色で区別されていた。

白衣に着替えてから工場内に入るための列に並び、服のホコリを取り、手洗いを複数回行う。ここまでは社員も親切で、恐ろしいことは何もない。遊園地のアトラクションに乗り込む前のようで、ちょっとワクワクする。

全身のホコリを吹き飛ばすエアーシャワー室に入ると、いよいよ製造現場だ。

饅頭をつくる人間という機械

重い金属製の扉の向こうには、体育館くらいの広さのスペースにスイーツの製造装置が何台も並んでいた。製造装置は音を立てて動き、その周辺をベルトコンベアが流れている。

筆者は6人の白衣の集団に連れていかれた。そこでは機械から次々と出てくる緑のモチに、右から左へリレー形式でデコレーションを施し、スイーツを完成させるという作業をしている。機械がやらない工程を、人間がやるのだ。

筆者は液体の入ったカップを渡されて、このリレーの中に加わった。

一人目のおばちゃん、ベルトコンベアにカップを置く。

二人目のおばちゃん、そこに中敷きのカップを入れる。

三人目のネパール人のおばちゃん、機械から出てきた緑のモチをカップにベタンと入れる。

四人目が筆者、ゴム手袋の手を液に浸し、モチの表面をサッとなでる。

五人目の大学生の兄ちゃん、網状の金属をモチに押し付ける。

六人目のおばちゃん、できたくぼみに網状のホワイトチョコを置く。

七人目のおばちゃん、次の機械に入るコンベアにカップを乗せる。


この10秒くらいの工程で、一つの饅頭《まんじゅう》ができ上がった。

役割が恐ろしいくらい細分化されている。これ、斎藤幸平氏の『人新世の「資本論」』で読んだぞ。生産力を上げるため「各工程をどんどん細分化して（中略）より効率的な仕方で作業場の分業を再構成し」「自立性を奪われた労働者は機械の『付属品』になっていく」というやつではないか。

筆者はモチの表面を次々になでるだけの超単純作業を、一体どういうモチベーションでやればいいのか悩んだ。「このスイーツを手にした人を、笑顔にしたい」などと一応考えてはみるものの、そんな甘っちょろいスローガンはすぐに吹き飛ぶ。

単純作業というだけなら、まだいい。自分のペースでできないから辛いのだ。

モチは2秒に1個のペースで、機械からどんどん出てくる。「ちょっと背中がかゆい」などと気を緩めようものなら、モチが流れていってしまう。人間が人間のペースではなく、機械のリズムで動かなければいけないことが、こんなにツライとは思わなかった。

時計を見ると、作業が始まってまだ5分しか経っていない。これを12時まで3時間続けなければいけないのか。ああ野麦峠。


「キナコハスキダヨー、アンコハタベラレナイー」


モチをなで続けてどれくらい経った頃だろうか、隣のメガネのおばちゃんが、不機嫌に「ちょっと、モチの位置、もっと手前にしてよ!」と文句を言ってきた。思わず「はん?」と感じ悪い返事をする。

普段なら「高齢者に優しい、近所でも評判の親切な嫁(自称)」として振る舞っている筆者だが、姿勢を崩せないために腰も痛く、首も痛く、モチへの絶望から怒りの言葉には怒りで応じてしまう。

メガネのおばちゃんは、目の前の大学生の兄ちゃんにも「あんた、ちょっと邪魔だよ、ずれてよ」などとイチャモンをつけ、兄ちゃんも「はあ?」とキレ気味に応戦する。

このように、グループ内に険悪なムードが流れる間もモチは流れる。ラジオでもかけてほしいくらいだが、機械音でかき消されてしまうだろう。世間話をする余裕もない。

食品工場のパートのおばちゃんが意地悪な理由がこれでわかった。まったく余裕のないサイクルで動かされるからだ。

1時間が経過した頃、コンベアに流れるモチを目で追い過ぎて、流れているのがモチなのか、自分なのかがわからなくなる。別のおばちゃんも「目が回る、目が回る」と大声を出す。みんなちょっとおかしくなっている。

「キナコハスキダヨー、アンコハタベラレナイー」

一人陽気に見えるのは、モチをカップに放り込んでいるネパール人のおばちゃんだけ。工場や倉庫で出会う外国籍の女性はだいたい明るく、たくましい人が多い印象だ。

立ちっぱなしの作業で小休憩もない。時々腕を回したり、足踏みをしたりするも、モチは容赦なく流れる。ようやくお昼休憩になった時には、体全体が鈍痛で休憩室へ歩いていくのもやっとだった。

パン工場で働く傷だらけの非正規

他の食品工場も同じような状況なのだろうか。20年以上、非正規現場を渡り歩いてきた50代男性が、パン工場での体験を話してくれた。

「パン生地の粉を1リットル入りのカップで、ひたすら生地製造機に入れるだけの8時間では、手首がおかしくなった。8時間ずっと立ちっぱなしで、コンベアから流れる完成したパンを眺めているだけの検品作業も地獄」

チョココロネの担当になった時は、チョコを入れる部分に入れたアツアツの鉄の円錐を、パン生地からひたすら抜く作業を担当し、腕にヤケドを負ったという。

「ヤケドしても、周りのバイトは『医務室に行きな』なんて誰も言わない。自分が抜けると、作業が止まっちゃうから。作業レーンが優先で人間は機械以下。みんな傷だらけのまま作業を続けるのが当たり前の異常な世界……」


さて、筆者のスイーツ工場のバイトは、お昼休憩を挟んで夕方の17時まで続いた。コンベアが停止して放心していると、あのイラついていたメガネのおばちゃんが、話しかけてきた。

「大変だったでしょう、この仕事は本当に疲れるの。腰も痛くなるしねぇ」

おばちゃん、本当は優しい人だった。

帽子を取ったおばちゃんは、70歳くらいだろうか。ここではベテランのパートに当たるであろう70歳過ぎと思われる女性たちを何人か見かけた。高齢女性に時給１４００円以上を支払ってくれる仕事は、他にはあまりないのだろう。

週末に副業バイトを経験したホワイトカラーおじさんに話を聞くと、「自分の会社やその業界のことしか知らなかったけれど、副業をして世界が広がった」という感想を漏らす人が多い。

効率化・合理化のために過度な分業が進み、やりがいのないキツい仕事は外注、もしくは職場の非正規が担っている。おじさんたちは副業で非正規労働を体験し、「こんなの初めて!」と興奮する。『ローマの休日』でヘプバーン演じる王女が、庶民生活を初めて目の当たりにした時のように……。

工場からの帰り道、疲労した頭でそんなことを考えていたら、世間が唱える「多様性のある社会」という言葉が、絵に描いたモチに思えてくるのだった。

第3章

若者に交じって

アマゾンやウーバーイーツなどのグローバル企業が日本に上陸し、日常になって以来、ライフスタイルは劇的に変わった。そして働き方にも変化が訪れている。ネットに登録するだけで、好きな時間に働ける「ギグワーカー」の誕生だ。また、ネットを通じて顔の見えない相手と仕事をする機会も増えた。

こうしたギグワークに参入するのは若者だけではない。副業おじさんの中にも、週末ギグワーカーになる人がいる。話題の副業にチャレンジしたおじさんは、このニューウェーブを泳ぎきることができるのだろうか。

09 週末のウーバー副業でいくら稼げる?

JOB

フードデリバリーの配達員

最近、街で「お茶を挽《ひ》く」おじさんを見かける。

「お茶を挽く」は風俗や水商売用語だ。客の指名がなく、待ちぼうけを食らう風俗嬢やホステスのことを指す。江戸時代、売れ残った遊女に、罰として石臼で茶葉を挽かせていたのが語源という説もある。

現代の遊女、もといおじさんが引いているのは、石臼ではなく自転車。彼らはウーバーイーツの配達員だ。

スマートフォンのアプリを通じて、飲食店の料理を自宅まで運んでもらうウーバーイーツが日本に上陸したのは２０１６年のこと。最近は料理に限らず、スーパーやコンビニ、ドラッグストアの商品なども運んでもらえる。

コロナ以降、ウーバーの配達員は飽和状態になっている。配達員の急増と、発注数の減少で、需要と供給のバランスが逆転し、少ない発注を配達員が奪い合っているのだ。結果、お茶を挽く配達員が街にあふれる。

「ウーバーイーツが日本で始まった当時は、こんな感じじゃなかったですよ。もともとはロードバイク好きの意識高い系がやる副業だった。それがコロナで一変しました」

こう話すのはコロナ前から、週末にウーバー配達員の副業をしていた関東在住のKさん（51）。彼の相棒はロードバイクのジャイアント。ノースフェイスのウィンドブレーカーをまとい、腕にスマホ専用ホルダーを巻き付ける、ガチ風のウーバー配達員だ。

AIの「ご神託」に振り回されるウーバー配達員

待機中の配達員は、ウーバーイーツのAIという「神」からのご指名を待っている。指名が下るのはスマホの配達員専用アプリだ。

ウーバーイーツは客から注文が入ると、エリア内で待機中の配達員に、ランダムに「配達リクエスト」を出す仕組みになっている。配達リクエストが受けやすいと言われるマクドナルド周辺に、配達員がたむろする「マック地蔵」も一時話題になった。配達リクエストが来ない限り、配達員には1円も入らない。

ウーバーのAIは「配達履歴」「応答率」など、さまざまなアルゴリズムから配達員を選ぶと言われているが、その基準は明らかにされていない。

「配達員の間では、『専業の配達員が優先される』『自転車よりバイクの配達員が優先される』など、いろんなウワサが流れていますが、本当のところはわからない。配達員はウーバーのA

Ｉに振り回されている状況です」

Ｋさんは自嘲気味に話す。まさに「神のみぞ知る」世界。配達員はＡＩからの発注を、祈るような思いで待つのだ。


配達員が受け取る配達料もＡＩが決めている。配達料はお店から配達先までの距離、配達の需要などで決められるが、正確な金額は配達が完了して初めてわかる。

「自分がこの仕事を始めた頃、配達料は1件あたり７００〜８００円くらいでした。当時は配達員を集めるために、高額な配達料にしていたのでしょう」

コロナ前は1日5時間稼働すれば1万５０００円ほど、週末の副業で月に10万円は稼げた。当時は「配達リクエスト」が途切れることがなかったという。

「コロナを境に配達員が爆発的に増えた結果、仕事は奪い合いになり、配達料もどんどん下がっていきました。現在はスリーコイン（３００円）が相場ですよ」

ウーバーイーツは料金改定をたびたび行っているが、配達員が受け取る金額は徐々に下がっている。Ｋさんは土日の午前9時〜午後3時頃まで、ランチの配達をメインに稼働している。現在の稼ぎは月５万円弱だ。

「今でも需要が少ないところや、配達員が不足している日だと、配達料が1件あたり１５００円くらいに跳ね上がることもまれにあります。ウーバーのＡＩが決定する配達料の根拠は、われわれにはさっぱりわかりません」

一方、明らかに金額に反映されないものがある。それは配達内容だ。

同じように不安定なKさんの本業

「唐揚げとカフェラテだけの配達なら、配達料が３００円でも我慢できる。でも、2リットル入りの水12本をエレベーターなしの部屋へ運ぶのが３００円だったら、泣きますよ」

最近は、配達料より「クエスト」と呼ばれるボーナスを当てにして働く人が多いという。配達数が1週間で10回、20回、30回など、決められた回数を達成するごとに、１０００〜３０００円程度のボーナスが出るシステムだ。

「配達員はボーナスを目当てに発注数を稼ぐことを目標にしている。そうなると、1件あたりの単価より、短い距離でたくさんの配達をこなす方が割はいい」

ただし、そのボーナスの金額までもがウーバーの神様次第なのだ。

報酬の不安定さ以外も、リスクがある。

「一度、ドラッグストアから受け取ったポカリスエットと解熱剤を届ける発注がありました。インターホンを押すと寝間着姿の具合の悪そうな人が出てきましたが、実はコロナ患者だったかもしれません。幸い、これまでにコロナにかかったことはないですが……」

個人事業主なので、装備は自己負担だ。

「年間5000〜6000㎞を走るため、自転車のタイヤやチューブ、ブレーキパッドの交換が1年に1回は必要。保険にも加入しなければいけない。年間で3万〜4万円の経費がかかります」

Kさんは平日の本業も非正規労働者だ。派遣会社から大手企業などに派遣される「ITヘルプデスク」をしている。パソコンの初期設定やシステム回りなどをサポートする仕事だという。

「派遣社員になって10年以上経ちます。お陰様で仕事が途切れたことはありませんが、半年に1回くらい派遣先が変わる。ボーナスはなく、年収は400万円弱ですね」

かつては正社員として、広報やマーケティングの仕事をしていた。

「新卒で入ったのは企業のPRなどを行う広報専門の会社。キャリアアップを目指して同じような職種で2回転職しましたが、徐々に勤め先の条件は悪くなっていきました」

正社員として最後に勤めた会社は、2008年のリーマンショックでリストラに遭った。35年の住宅ローンを組んだ直後のことだ。退職金と給料の3カ月分が支給されたが、その金額は200万円にも満たなかったという。

失業後、KさんはハローワークでIT系の職業訓練を受け、現在に至っている。

「本当は広報やマーケティングの仕事をやっていきたかった。300〜400社くらいに履歴書を出したけれど、全部ダメでした。すでに40歳くらいでしたし、リーマンショック後はそういう求人がほとんどなくて」

妻と二人暮らし、子どもはいない。今のKさんには、どこか吹っ切れた感じがある。

「現在の年収は正社員時代の半分くらい。もう正社員になることは諦めています。住宅ローンも支払えるし、贅沢をしなければ暮らせないことはない。正社員の頃は、好きなフィギュアを大人買いしたり、タクシーで帰ったり、けっこう贅沢していましたから」

「マック地蔵」はおすすめしない

現在、Kさんはウーバーだけでなく、ほかのフードデリバリーサービスもかけもちしている。土日は二つのサービスのアプリを立ち上げて発注を待つ。本来、かけもちは禁止されているが、ほとんどの配達員はかけもちをしなければ、仕事が取れなくなっている。

「最近の配達員はサービス名のロゴが入ったカバンを使用しないから、かけもちしてもバレにくい。ただ『配達リクエスト』を受けるために、スマホで複数のデリバリーサービスのアプリを立ち上げると、バッテリーの消耗が激しくて。そのためにスマホを2～3台持っている人もいますね」

経験が長いKさんに、効率よく稼ぐコツも聞いてみた。

「止まって待つより、動いている方が注文は入りやすい気がします。自分は同業者がたくさん待機するマックのようなところはあえて行かない。駅前の配達員を見かけないお店の周辺を転々とする。５分待ってリクエストが来なければ、次の駅に移動というように。移動範囲は半径２～３㎞くらい。距離が遠い配達先、雨の日は稼働する人が少ないから狙い目ですね」

中高年が配達員を始めるならば、どのような点に注意すればいいだろう。

「自分は若くないということを自覚した方がいい。１日20～30㎞を走ることはザラですから。自分はコロナ前までジムに通っていたので、体力に自信がありますが、鍛えてない人は自転車ではなくバイクがおすすめです。副業としてやるなら、お金目当てではなく、運動不足とストレスが解消できるくらいに考えた方が続けやすい」

今日も配達員はウーバーから選ばれし者になれるよう神に祈る。

ウーバーの神、グーグルの神、インスタの神……。スマホの向こうには謎に包まれたアルゴリズムで順位をつけてくるＡＩという神が鎮座している。こんな神様に振り回されるくらいなら、石臼で茶葉でも挽いている方が、心穏やかに過ごせるのではないか。

10 宅配便おじさんの天国と地獄、アマゾン配達員

JOB

宅配便の配達員

アマゾンをはじめとしたネット通販が盛んになり、配送業の需要は高まるばかり。その配達員の多くは配送業者と業務委託契約を結ぶ「フリー」の配達員である。フリーと言ってももちろん制約がある。

配達ルールなどは、発注元の規定に従う必要がある。しかし、車やガソリンなどの経費は配達員の負担。時給ではなく任務に対して報酬が支払われるため、最低賃金も関係ない。

下手をすると発注側の「都合のいい女」になってしまう働き方、それが業務委託契約だ。

それでも、とある配送業者で配達員を募集する説明会を開くと、中高年男性を中心に毎回定員がいっぱいになるという。配送業者の社員から聞いた話。

「中高年男性からの問い合わせは増えています。中途退職を希望する人や、役職定年を迎えた人などが興味を持っているようです」

配送業が中高年男性に人気の理由は何だろう。

「会社員として、一番苦労したのは人間関係。配送業は一人で完結できて、面倒な対人ストレスを避けられる点がメリットです」

関西在住で、会社員のかたわらアマゾン配達員の副業をしているLさん（56）はこう話す。Lさんが配達員を始めたのは1年ほど前のことだ。

もう一度サラリーマンになるのはイヤ

Lさんは大手メーカーの営業マン。アジアを中心に海外の取引先などに出張する多忙なサラリーマン生活を送ってきた。1年前に役職定年を迎えて管理職から一般職へ降格。現在は営業の仕事を続けながら、休日に副業をしている。

「役職定年を迎えてからは、そこまで仕事を頑張ろうという気はなくなりました。以前は残業ばかりでしたが、今は定時で帰っています。取るのを控えていた有給休暇も積極的に取得し、今は週休3日ということも多いです」

Lさんのお宅はお子さんがすでに独立し、住宅ローンもあと数年で終わりを迎える。ただし役職定年で年収は800万円から500万円まで下がった。あと数年で子会社に移る予定だが、そうなると年収は300万円まで下がる。収入の不足を補うために副業を始めたのだ。

なぜ、配送業を選んだのか。

「いろんな選択肢を検討しました。シルバー人材センターに登録しようかとも考えた。でも、自分には早すぎるような気がして。転職も考えましたが、『またサラリーマンをやるのか』と思うと、それを積極的に選ぶ気にはなれなかった。やはり人間関係が面倒くさいなと」

Lさんは複数の配送業者のうち、慎重に労働時間や報酬額を比較した。アマゾンを選んだのは、自分で働く時間が決められるからだった。Lさんは1日4時間働くコースを選んだ。

「1日中働く必要がない点が魅力でした。報酬は時給換算すると2000円くらい。配達ノルマもありません。時間内に配り終わらなかった荷物は、配送センターに返却すればいい」

誰にも会わずにアマゾン配達員になったLさん

Lさんのお宅の自家用車は、もともと貨物自動車としても使用できるハイエース。まずはこの車を、商用の緑地に白のナンバーに切り替えた。

それ以外の手続きは、すべてネットで完結。本人確認書類などの必要書類をすべてアップロードし、「Amazon配送員の心構え」という動画を視聴するだけ。オンライン面接もなく、アマゾンのスタッフにまったく会わないまま、配達員になれてしまう。仕事に入る場合は自分が稼働できる日程を、オンラインで予約する。

経験が浅い配達員には、「初心者コース」が用意されている。荷物の個数は通常の半分ほどの30～40個が割り当てられる。

「初日は時間内にさばけたものの、段取りも不慣れだったのでかなり疲れました。でも、回数を重ねるごとに、エリアの住所や道にも慣れて、配達も早くなりました」

配達の道順はアマゾンの配達員専用アプリが指示してくれる。慣れてきたらこのアプリを参考に、効率のいい道のりを自分で組み直せばいい。

現在、Lさんが稼働するのは週に2〜3日ほどで、9時〜13時の4時間。ガソリン代や保険料など月2万円ほどの経費を差し引くと、月約5万円の収入になる。

「1日にさばく荷物は60〜70個程度。仕事はエリアごとに振り分けられるため、日によって荷物の量は異なりますが、だいたい時間内に終わります。私が担当するのは、配送センターから車で50分以内、走行距離は20〜30キロでしょうか。自宅から近いところが多いです」

最近のアマゾン利用者は、荷物を玄関先などに置いてもらう「置き配」を選ぶ人が多いので、再配達の手間もほとんどないという。もちろん、駐停車の場所のことで注意されたり、届ける荷物を間違えたり、ルートで遠回りしたりという失敗はある。

「失敗したら自分で気づいて直さなければいけない。でも仕事を一人で完結できる点は新鮮で楽しい。会社では指示したり、指示されたり、さらに人に何かを言われたりと摩擦の連続ですから」

中高年が配達の仕事をするのは、キツくないのか。

「階段を上がったり、運転の時間が長かったりすると疲れます。ただ、1日4時間という区切りがあるのでちょうどいい。これが専業でやるとなると、1日中ですよね。若くないと、かなり過酷だと思います」

確かに、副業と専業では話が違う。専業で配送業をしている中高年はどうなのだろう。

もともとサラリーマンをしていたが、46歳の時に会社を辞め、専業の配送員になったという北関東在住のMさん（52）にも話を聞くことができた。彼の配送業は、副業のLさんとはまったく違う様相だった。

専業配達員のデス・ロード

Mさんは配達員になる前、製薬会社に30年近く勤務し、薬を製造する工場で、機械オペレーターや生産リーダーの育成指導などに当たっていた。

「上司と部下の間にトラブルが起こり、その板挟みになって夜眠れなくなりました。心療内科でうつ病と診断され、会社を辞めました。すでに40代半ばだったので正社員の仕事は見つからず、人間関係に振り回されない配送業を選びました」

「人間関係のわずらわしさを避けたい」という理由で配送業をはじめた点は、Lさんと同じ。しかし、ここからが全然違っている。

配送業は求人サイトで見つけた。そこには「勤務時間は8：00～19：00の間で選べます　報酬は1日1万7000円〜」と提示されていたという。実際、若い配達員の中には月60万〜100万円を稼ぐ人もいるので、そうした収入例を提示されると、その金額を鵜呑みにしてしまう人は多い。

Mさんも報酬額に惹かれたが、現実は過酷だった。

「配送の契約は荷物1個あたり150円。1日1万7000円稼ぐには、100個以上配達しなければいけない。すべての荷物をさばくには、朝は8時半に家を出て、帰宅は22時頃、ほとんど休憩もない。稼働するのは週6日。サラリーマンの頃は休憩時間があったし、土日も休めた。今はそんな余裕がまったくありません」

さらに、想定より経費がかかるとMさんは嘆く。

「月収は40万円ほどでも、ガソリン代が月5万円かかる。配達用に60万円の中古車を購入しましたがわずか2年で壊れ、また90万円の車を購入するハメに。もちろんすべて自己負担です」

「都合のいい女」にならないために

個人事業主のため、社会保険料の支払いも重い。妻、独立前の子どもと三人暮らしで、生活はギリギリだ。生活費の不足を補うため、消費者金融から30万円の借金もあるという。

Mさんは「今の状況だと、70歳までこの仕事を続けなければいけない」と話す。しかし、M

さんの健康と体力が続かなければ、それも難しいだろう。

ギグワーカーや個人事業主がよく結ばされる業務委託契約は、フリーランスと思いきや、まったくフリーではない場合がある。

本来、フリーランスは企業側と立場が対等なはずだ。しかし配送業やフードデリバリーなどのプラットフォーム労働は企業側が強く、フリーランス側には労災や社会保険がないにもかかわらず、業務上の縛りが多い。勤務時間や働く場所を指定されたり、仕事のやり方について指揮命令を受けたりしているなら、それはフリーではなく雇用関係を結ぶ「労働者」にあたる。

2023年9月に、配達中にケガを負った60代のアマゾン配達員が初めて労災認定を受けた。それまでは業務中のケガであっても、「フリーランスだから」という理由で労災が下りず、ケガのせいで働けなくなっても、その補償もなかったのだ。(※2023年11月現在、厚生労働省は原則、全業種のフリーランスが労災保険に加入できるように議論を進めている)

現時点でのフリーランスは、「都合のいい存在」にならないために、企業側をシビアに見ることが必要である。

11

意識高い系女子に交じって
おじさんがスタバで副業

JOB

スタバのバリスタ

「もてなし」というのは、案外難しいものだ。「感動させよう」という魂胆が見え見えのもてなしに、人は心を動かされない。

茶の湯の大成者・千利休は用意周到な茶人にカマボコでもてなされ、シラケてしまったエピソードがある。

「作為的なもてなしは、感動できしまへん」と利休が言ったとか言わなかったとか……。

この利休と似た経営理念だと感じるのが、アメリカ発のスターバックスというカフェだ。スタバには「接客マニュアル」がない。

「じゃあ、どうやって接客しているの？」という話は、しばしば「ホスピタリティ（心からのおもてなし）」という言葉で説明されてきた。要は「自分で考えろ」って話だ。お客さんに「また来たい」と思わせるための必勝マニュアルはなく、どうもてなすかは店員が自分で考えろというのだ。

「相手を感動させる方法は自分で考えて」と言われて、日本で最も困り果てる人種、それは「おじさん」ではないだろうか。そのおじさんが、難易度高めのスタバで、副業をしているという情報をキャッチした。

スタバはおじさんでも採用されるの?

スタバでおじさん店員はほぼ見かけない。働いているのは、意識高めの大学生やお洒落な主婦ばかりだ。

スターバックスコーヒージャパンの元CEO(おじさん)ですら、研修の時に「商品オーダーのコーリングが恥ずかしくてできなくて」と述べている(『スターバックスのライバルは、リッツ・カールトンである。』)。

スタバの社員としてバイトの採用も行っている20代女性に、「スタバはおじさんでも採用するのか?」と聞いてみた。すると、「バイトの採用は各店舗の社員に任されているが、年齢や性別で選ぶことはない」という。

「どんな人を選ぶかと言えば、『人の喜びを自分の喜びにできる人』ですね。具体的には、夏場にフラペチーノの注文が殺到し、効率を求めて無言になるような時でも、お客さんのことを考えてイライラしない人です」

この女性社員は、バイトの面接に1時間はかけているといい、「人間性が素晴らしい方なら、おじさんも大歓迎です」と話していた。

一体、スタバに選ばれるおじさんとは、どんな人なのか。

人見知りおじさん、スタバへ

四国在住のNさん（40代）は、地元の総合病院で医療事務を担当している、清潔感のあるおじさんだ。彼は本業のかたわら週に1日、スタバでバイトしている。

外からは店長にしか見えないが、Nさんはれっきとしたスタバのアルバイト店員だ。

「店舗では僕が一番年上です。店長は僕より若い30代の女性。男性はたまに来るエリアマネージャーと大学生の男の子くらいですね。おじさんは僕一人です」

なぜスタバでバイトすることに？

「僕は年収が４００万円弱。住宅ローンの返済もあり、収入を増やしたかった。副業に充てられるのは週１日程度。その条件で働けるバイトを探していたら、スタバの『週１〜ＯＫ』という求人を見つけて。コーヒーも好きだから、いいかなと」

しかしNさん、趣味のフットサルでも、チームメイトとはほとんど話さないというほどの人見知り。

「家族や親しい友人以外と話すのは苦手です。フットサルでは自分のプレーに酔いしれているだけで、チームメイトには『ナイス！』くらいしか言いません」

日本のおじさんによくいる無口なタイプのNさん、どうやってスタバのホスピタリティに馴染んでいったのだろう。

スタバの新人研修は、レジで「コーヒーください」という客に何と対応するか、店長と新人がディスカッションするところから始まる。この問題の「正解」は用意されておらず、「答えのないセリフ」を自分で絞り出さなければいけない。

シャイな中年Nさんは、当然この課題に面食らった。

「チェーン店ですし、接客用の決まったセリフがあるとばかり思っていたので、とんでもないところに来たと思いました。『コーヒーください』と言われて、何と返すかと聞かれても、初めは何も思いつきませんでした」

人をホメるには練習が必要

筆者も改めて都内のスタバをはしごしてみたが、確かにどのスタバに行っても対応は店員によって千差万別。「いらっしゃいませ」はなく、ファストフード店で聞くようなお決まりのセリフも一切出てこない。

コーヒーを注文すると、「この銘柄は酸味の強さがポイントです」「今夜は寒くなるみたいですね」「……（さわやかな笑顔）」等々。この予想外の対応が「感動」を呼ぶのか。

Ｎさんは、このマニュアルのない接客が自然にできるようになるまで、３年はかかったという。もっとも、働き始めたころはドリンクの作り方など覚えることが多過ぎて、ホスピタリティどころではなかった。

「スタバはメニューのカスタマイズが際限なくできます。たとえば『キャラメルマキアートのグランデサイズ、キャラメルソース多め、ホイップ追加』など、細かいルールや分量を覚えるだけでも大変なんです」

中年Ｎさんが乗り越えなければならないハードルは、これだけではなかった。

スタバでは店員同士がお互いをホメ合う「お作法」がある。他の店員の接客態度について、細かいところまで発見し、いちいちホメなければいけないのだ。

定番のホメ言葉は「今の接客、よかったよ」「今の笑顔、よかったよ」。おじさんの辞書にはなさそうなセリフだ。

「ええ、言われるのも、言うのも恥ずかしいです。初めはホメられると挙動不審になっていました。ホメるのはもっと難しくて、練習が必要。自分がホメられた時の言葉やタイミングをマネしていました」

もちろんホメられてうれしくない人はいないので、自然と気持ちが上がっていく。Ｎさんもささいなことでホメられるうちに、次第にスタバの環境が心地よいものになっていった。

「初めは、スタバの雰囲気にくすぐったいような感じを持っていました。でも、あのグリーンのエプロンを身に付けると、自然と気持ちが切り替わるようになって」

ホスピタリティが消えた病院

Nさんがスタバで副業を始めて5年が経った。

いつの間にかスタバのバイトは、Nさんの生活に欠かせないものになっている。というのも、Nさんの本業がスタバとは正反対の世界だからだ。

「病院は忙しく、医師や看護師など医療スタッフは常にピリピリしています。僕たち事務スタッフは、医療スタッフと患者さんの両方から責められることが多く、気持ちのいい職場ではありません。過去には事務の間でイジメが起こったこともありましたね」

医療現場はどこも多忙を極めている。本来は病院こそ、ホスピタリティな場であってほしいが、それは難しいのが現実だ。

「スタバのようにスタッフ同士がお互いをホメ合い、お客さんを感動させようと心を配る職場は居心地がいい。病院のストレスをスタバで浄化しています」

一時は病院を辞め、スタバの社員を目指してフルタイムでバイトに入ることも考えた。しかし40歳を過ぎていたこともあり、それは諦めたのだという。

「いつか自分でカフェを経営できたらいいな」

密かにそんな夢を抱いているというＮさん。今は客に「コーヒーください」と言われると、穏やかな視線を送りながら、コーヒーの味や風味を紹介しているという。

人見知りのＮさんには、むしろ作為のない、自然な「おもてなしの精神」が芽生えていったのかもしれない。

「働きやすい職場」は従業員が決めること

ちなみに、元スタバのＣＥＯの本の中で、「スタバは給料が高くないけれど、『スタバで働くことが報酬です』と言ってくれるパートナー（店員）が多い」というようなことが書いてある部分がちょっと気になった。

確かにスタバの求人を見ると、時給は１１４０円（東京都内の場合）と高時給ではない。それでも、「スタバで働きたい」という人は多く、質の高いスタッフが集まるようだ。

店員が自ら「スタバは給料が安いけど、働きやすくて成長できる」と話すのはいいと思う。やりがいや成長は大事だし、そうした働き方には賛成だ。

ただ、上の立場の人が「給料が安いのに、よくやってくれる」と言うのは、どこかモヤモヤする。もちろん上の人に悪気はなく、「ねぎらい」の言葉ということはわかる。しかし、下の立場からすると「感謝するならお金をちょうだい」という気持ちになってしまう。低賃金労働を「やりがい搾取」とみなすかは、働く人やその環境によっても異なるが。

これも「もてなし」と同じで、働く人、一人一人の個性に合わせてホメるほうが、心地いいのかもしれない。もてなしは難しいが、人をホメるのはもっと難しい。

12 「せどり」は本当に稼げるのか？

JOB
輸出せどり

ネット副業の代表に「せどり」がある。

せどりとは、「商品を安く仕入れ、手数料を上乗せして販売し、その利益を得る」という商売の鉄則そのままの行為だ。メルカリで安い古本を大量に購入し、それをキレイに梱包して、アマゾンで売りさばくのもせどりに当たる。

もともと「せどり」は古本業界の用語で、古本の中から高値が付くものを選んで転売する行為を指していた。ただ、せどりには、怪しいイメージが付きまとっている。「せどり」でググると、「せどり　怪しい」「せどり　違法」などのサブワードがサジェスト（おすすめ）される。

しかし、警察に「古物商許可申請」を届け出て1万9０００円を支払い、酒やコピー商品などを扱わない、高額転売をしない等のルールを守れば、カタギの商売である。

ネットがあれば個人が気軽にせどりに挑戦できるため、「セドラー」はここ数年で急増している。「せどり副業で月10万稼ぐ」などの文句が踊るハウツー本も山のように出版され、ＹｏｕＴｕｂｅでは経験者が解説をするなど、ノウハウの布教も盛んだ。

では、せどりを副業にしている人は、本当に稼げているのだろうか。

アンケートから見える「セドラー」の実態

そもそもせどりをやっているのは、どんな人たちで、何を売っているのだろう。

「せどりのような物品の仕入れ・販売を個人で10回以上やった経験がある」という20~50代の男女およそ30人に、独自で調査を試みた。簡単なアンケート調査なので厳密なデータとは言い難いが、ある程度の傾向は把握できるかと思う（アンケートの実施時期は２０２３年1月、インターネットを使用）。

まず年齢層は30人中18人が30代で、圧倒的1位。次に多いのは20代の9人、40~50代はわずか３人。

せどりはネットのスキルと商品購入の資金力が必要なため、40~50代よりはネットに強く、20代よりは金に余裕のある、30代がメイン層となるのだろう。

男女比は「2：1」で男性が多い。本業は大学生、会社員、主婦などで、副業で行う人がほとんど。職業は介護職、塾講師、飲食店勤務、工場勤務、大企業勤務、中には歯科医という人も。幅広い層がせどりに挑戦しているようだ。

「どんな商品を販売したか」を聞くと、古本、ＤＶＤ、洋服、バッグ、カメラ、電化製品、トレーディングカード、フィギュアなど。変わり種では「聖教新聞」という人もいた。

コロナ禍に入った２０２０年以降にせどりを始めた人は30人中19人。経験年数は「１～２年以内」が20人と最も多い。

取引回数は10～８００回程度と幅がある。１００回以上取引をした経験があるのは13人。このうち４人はすでにせどりから撤退していた。全体で見ると、30人中10人がせどりを止めている。

以上から、どうやら「ズブの素人」がスマホとパソコンで、気軽にせどりに参入・退場していることがわかる。

では、40～50代の「おじさんのセドラー」はどんな人たちで、どれくらい稼いでいるのだろうか。

リモートでベテランセドラーに「弟子入り」

まずはせどり修業中というＯさん（52）に話を聞いた。Ｏさんは自動車部品メーカーのエンジニアで愛知県在住。年収は７００万円で、妻と二人暮らし。

「実は数年前まで、コンサートやスポーツイベントのチケットの転売をやっていました。２０００年ごろ、偶然購入したジュディマリ解散コンサートの１万円のチケットが、ヤフオクで７万～８万円で売れたのに味をしめちゃって。２０１９年にネットのチケット転売が禁止されてからはやってません」

そんな個人間売買経験者のOさんだが、せどりは練習が必要だと考え、ネットで見つけた「せどりのお手伝い募集、利益の10％還元」という内職に応募したのだ。経験者への「弟子入り」である。

師匠は個人の副業セドラー。直接会うことはなくリモートの弟子入りだ。Ｚｏｏｍで顔を合わせた師匠は、自分よりもやや年下のおじさんだった。

師匠はアメリカ発の「ｅＢａｙ《イーベイ》」を活用して、輸出せどりをやっていた。イーベイはオークションサイトだが、メルカリやヤフオクとは規模が違う。オークションサイトとしては、世界最多の利用者数といわれているグローバルＥＣサイトで、世界中のセドラーが出品し、世界中の顧客が買い物する場だ。

Oさんはせどりで最も手間のかかる「商品リサーチ」を頼まれた。「イーベイの検索窓にＣｕｔｅ（かわいい）とかＣｏｏｌ（かっこいい）という形容詞を入れ、上位に表示されるものから人気商品の当たりをつけろ」というナゾのアドバイスをもらったという。師匠は「儲かりそうなら何でも売る」タイプのセドラーだった。

商品を見つけたら、今度はメルカリなど国内のフリマサイトで、同じような商品が安く売り出されていないか探す。

「トレーディングカードやお酒の瓶、釣り竿やキャンプ道具など、あらゆる日本製品をメルカリやヤフオクで漁りました。特に日本のアニメのフィギュアはメイン商品です」

送料込みで利益が出そうなら購入して、イーベイに出品する。

「最初のころ、メルカリから２０００円で購入した『ＯＮＥ　ＰＩＥＣＥ』のフィギュアが、アメリカ人におよそ2万円で売れた時はうれしかったですね」

大暴落した孫悟空のフィギュア

しかし、せどりにつきものなのが価格の暴落だ。儲かりそうな商品を出品すると、マネする人が必ず現れる。

「価格競争になると、1商品1カ月も持たない。たとえば、ドラゴンボールの孫悟空のフィギュアを１００ドルで出品しても、ライバルは同じモデルを98ドル、次のライバルは95ドルと値を下げてきて、最終的には利益がまったく出ないところまで落ちる」

名もなきセドラーが集まる「天下一武道会」の末に、採算度外視で売り飛ばされる孫悟空。この時に値下げを決断できず、大量の在庫が家に溜まっていくセドラーは多い。

Ｏさんは師匠の下で半年ほど修業をしたが、自分でせどりを始めることはためらっている。

「ビジネスを自分でやっている感覚は楽しい。でも、価格暴落や在庫処理に追われる割に、利益はそこまで大きくないと思う」

Oさんと師匠が売ったのは、月30点ほど。師匠の利益は、仕入れや出店料などの経費を差し引くと月5万円程度ではないかという。おじさん2人がタッグを組んで月5万円。なかなか商売は難しい。

せどりを2年前から副業にしている広島県在住のPさん（56）にも話を聞いた。Pさんの本業は、中規模IT企業のシステムエンジニア、年収は800万円。

「15年ほど前に海外からアンティークの食器を輸入し、ヤフオクで売る副業をやっていたことがあります。今は円安ですから、今度は輸出をやってみようかと」

おじさんセドラーはもともとヤフオクユーザーで、今は戦場をアマゾンやイーベイに移した人が多いようだ。

Pさんの場合、商品はファミコンのカセットに限定している。

「僕らが子どものころに遊んだファミリーコンピュータは、海外にマニアがいるんです。買ってくれるのはアメリカ人、イギリス人、メキシコ人が多い」

希少性があり、マニアのいる商品を見つけたセドラーは強い。Pさんはファミカセがメルカリなどで大量に投げ売りされているのを狙う。実家の大掃除などで、清掃業者から出されることがあるからだ。

Pさんは月に1～2回、こうしたファミカセを100本3000円くらいでまとめ買いするという。

「１００本も買うと、半分以上は値段がつかないものばかり。ただその中にある人気のカセットは１万〜２万円で売れる。トータルでは10倍の３万〜４万円くらいになりますから、いい商売です」

どんなファミカセに高値がつくのか。

「スーパーファミコンになる前の『マリオブラザーズ』や『ロックマン』。これ以上は言えません」

おじさんに必要なチャレンジ耐性

Ｐさんの経費を差し引いた利益は月４万円くらい。

しかし、Ｐさんもせどりの継続に、それほど前向きではない。

「少しの知識で稼げるといえば稼げる。ただ、実際にファミカセを本体に接続してゲームができるか試したり、商品を梱包したりと、地味な作業が面倒です。家族は手伝わないのかって？　妻や大学生の息子は、僕がせどりをやっていること自体知りません」

Ｐさんは毎週末に１００本ものファミカセで遊ぶという「仕事」が、だんだん辛くなっているようだった。

サラリーマンのせどりは、時間と資金が限られる。今回、数名のおじさんセドラーに話を聞いたが、利益は月1万～3万円程度という人ばかりだった。たとえ数万円でもプラスになるなら悪くはないが、地味な作業を楽しめなければ、はした金に思えてくるだろう。

ただ、こうした経験を重ねることで、チャレンジへの耐性はつくと思う。情報を集め、資金管理を行い、輸出せどりなら英語も必要だ。トライ&エラーを繰り返せる場としては、せどりはちょうどいい練習場かもしれない。

おじさんも週末に天下一武道会へ出場してみてはどうか。何しろ敵はクッパやフリーザより強い「世界のセドラー」だ。相手に不足はあるまい。

13

架空のヨガ美女に2000万円奪われたキャンプ好きおじさん

JOB

仮想通貨（暗号資産）

流行りの副業でお金を増やそうとして、いつの間にかお金を騙し取られてしまうおじさんもいる。

高齢者から金を巻き上げる特殊詐欺の被害は後を絶たないが、中高年が餌食になることもあるのだ。犯罪者はおじさんの欲望や不安を熟知しており、そこを上手く突いてくる。

北関東在住の会社員のＱさん（54）も、特殊詐欺で総額２０００万円以上を失った。Ｑさんは妻とお子さん二人の４人家族。年収は６５０万円で、住宅ローンを抱える、ごく普通のサラリーマンだ。

「自分の会社は55歳になると給料が下がります。ほかの収入も増やさなければと、副業を探していたところで」

Ｑさんは趣味のソロキャンプ動画をＹｏｕＴｕｂｅにアップし、いずれはそれで稼げたらと考えていた。ＹｏｕＴｕｂｅの宣伝のため、Ｔｗｉｔｔｅｒ（現X）での発信も行っていた。

２０２２年10月のある日、そのＴｗｉｔｔｅｒにＤＭ（ダイレクトメッセージ）が届く。

「ＹｏｕＴｕｂｅ、いつも見ています」

「私もキャンプ愛好家です（ハート）」

LINEのアイコンの写真は、20～30代とおぼしき女性だった。

絵文字に心を許してはならぬ

「いつも見ている」と言われ、うれしくなったQさん。すかさず返信を送る。

「ありがとうございます。キャンプ楽しいですよね！」

「エイミー」と名乗るその女性は、続けざまに絵文字入りのメッセージを送って来た。

「キャンプ楽しいですよね（星マーク）」

「どのあたりが、おすすめですか（焚火マーク）」

初めてのDMから2～3日後には「LINEの交換をしませんか」と提案され、Qさんは素直に応じた。

「エイミーは、『以前ロサンゼルスに住んでいたけれど、4カ月前に日本に帰って来た。今は静岡でジュエリー関係の会社をやっている』とか言っていました」

「ロサンゼルス」「ジュエリー会社経営」……。すでにキナ臭い。Qさんは急接近してきた見知らぬ女性を、怪しいとは思わなかったのか。たとえば、色じかけで迫ってくる雰囲気は？

「いや、全然そういう感じではなかったから、逆に警戒心を解いちゃったというか。エイミーがＬＩＮＥで送って来た写真は、セクシーな雰囲気でもなかったし」

そう言って、Ｑさんは「ヨガ中のエイミー写真」を見せてくれた。

ヨガマットにあぐらをかく若い女性が、スマホで自撮りした「私カワイイ」な一枚。ポニーテール、体に密着する白Ｔシャツは胸に目がいく。日本中のおばはんが総立ちでツッコミを入れる完全「クロ」の写真だ。これが「セクシーな雰囲気ではない」って、Ｑさんにとって「セクシー」って何？

まあ、世のおじさんの女子への警戒心は、これくらいのユルさなのだろう。

その後も「今、ランチの最中です！」など、エイミーからのＬＩＮＥメッセージは続く。Ｑさんもウキウキと「今、仕事が終わって、コーヒーでリラックス」などと送った。

ただいまドーパミン分泌中

エイミーとのやり取りが始まって１週間、エイミーからこんな話が出る。

「コロナのせいでジュエリーの利益があまり出ていない。その代わり仮想通貨（暗号資産）を始めて、それで何とかなっています」

暗号資産はネット副業の代表だ。Ｑさんも暗号資産は気になっていた。思わずその話に食いつく。

「自分は暗号資産とか投資をやったことがなかったので、『素人でも儲けられるの?』と聞いたら、『練習用のページがあるから、一緒にやりませんか』と」

エイミーはQさんに「RBC」という「海外の大手銀行」のURLを送ってきた。

Qさんが「RBC」とネットでググったところ、「カナダロイヤル銀行」というものが実在することがわかった。そのままQさんは、エイミーと一緒に、「練習用ページ」で暗号資産の取引を体験する。エイミーが「今です」とLINEで指示をし、Qさんがそれに合わせてダミーで課金する流れだった。

こうした練習を数回重ねた結果、Qさんは「少額なら、実際に投資してもいいか」という気分になっていた。

もちろん、エイミーの教えた「RBCの暗号資産取引ページ」は偽サイト。実在の銀行の名前を騙《かた》っているだけだ。ここに入金をしたら最後、金が戻ってくることはない。

金を投じることになった時も、まだエイミーに疑いはなかったのか。

「なかったです。むしろ本当に儲かるのかばかりが気になっていました」

Qさんは5万円を投じ、それは「7万円に増えた」。さらに数日後、投じた10万円が「20万円」に。もちろんすべては見せかけで、実際は金を吸い取られているだけだ。しかし、Qさんは仮想通貨取引の興奮に飲み込まれていく。

「儲かるばかりだったので、いつか大損をするのではないかという不安で、心臓はバクバクです。でもプラスになっているうちは、その範囲でやれば、損しても構わないという気になっていって」

こうしたことを数日おきに10回ほどやった頃、とうとうQさんは１００万円を超える金額を投じてしまう。

「次第に感覚が麻痺して、１００万円がはした金に思えてきたのです」

最終的にQさんは、自らの貯金のみならず、親からもお金を借り、総額１５００万円を突っ込んでいる。「ＲＢＣ」では、金は4倍の６０００万円に「増えた」ように見えていたという。

ここまでの期間は1カ月ほどだ。

借りちゃダメ、ゼッタイ

「これだけ儲かったからもういいだろうと、『暗号資産』を自分のメインバンクである地方銀行の口座に移そうとしたのです。ところがＲＢＣのサイトにメインバンクの口座番号を入力したら、『口座番号に誤りがあり、口座を凍結しました』という表示が出て」

さらに「凍結を解除するには、ＲＢＣに入っている金額の10％が保証金として必要です。凍結を解除すれば、保証金は返金されます」という文面が出た。

「貯金をすべて突っ込んでいますから、凍結をどうしても解除しなくてはと必死でした。保証金のお金はありません。エイミーが『少しお貸ししましょうか？』と言ってくれたのですが、『一時的ならカードローンからも借りられます』と提案され、お金を借りました」

Qさんはカードローンからかき集めた「保証金600万円」を「RBC」に入金した。

Qさんがすべてを悟ったのは、「口座凍結の解除」が一向に行われないことを、メインバンクの地方銀行に問い合わせたことがきっかけだった。

警察に相談して初めて、これは「暗号資産詐欺」であり、海外を匂わせる異性が親しく近づいてくる「国際ロマンス詐欺」の一種でもあると知らされる。暗号資産は取り返すことがほぼ難しいとも告げられた。

「少しならお金を用立てようか」と言ったエイミーに、Qさんは最後まで疑いを持たなかったという。

コロナ禍以降、こうした「暗号資産×国際ロマンス詐欺」は各地で被害が報告されている。Qさんは現在、カードローンの借り入れについて、弁護士に相談中だという。こうしたケースでは多くの被害者が、自己破産などの債務整理を選ぶことになる。

狙われる「孤独という病」

この「暗号資産×国際ロマンス詐欺」はおじさんの欲望を上手く利用したシナリオだ。

まずエイミーはＴｗｉｔｔｅｒで「いつもＹｏｕＴｕｂｅ見てます！」とおじさんの「名誉心、プライド」をくすぐって警戒を解いた。さらに、おじさんの「スケベ心」をそそるエロ過ぎないエロい写真を送って外堀を埋める。やましさがあれば、家族には相談しにくい。そして、老後が心配なおじさんの「金銭欲」でトドメを刺す。

「エロ」や「金」が先だと怪しまれやすいが、「名誉心」を先に持ってくるところが巧みだ。

Ｑさんはおよそ一週間でエイミーに籠絡《ろうらく》されている。

Ｑさんのｌ ＩＮＥの向こうにいたのは「エイミー」なんかではなく、２０２３年初頭にフィリピンからの移送が話題になった「ルフィ軍団」のような兄ちゃんかおっさんの手下だろう。

いや、「悪いおっさん」の方が、まだよかったかも。相手は単なるＡＩかもしれない。

一体、私たちは、誰と、何を分かち合いたいのだろう。ともすれば人の顔を見るより、スマホやパソコンを見ている時間の方が長い私たちは。オンラインの向こう側にいる知らない誰かの方が、おじさんの孤独をよくわかっているのは皮肉だ。

第4章

夜のしごと

求人アプリやアルバイトサイトが氾濫する昨今、ちょっと怪しげな仕事でもスマホから簡単に応募ができる。ごく普通の主婦や学生、会社員の女性たちが風俗やパパ活にアクセスできるように、普通のサラリーマンもナイトワークに気軽に取り組める時代だ。

「風俗や水商売なら稼げるかも……」と考える人は男女ともに多いが、現実はそうでもない。

ただ、好奇心と高報酬を期待し、ナイトワークを副業にするサラリーマンがたまにいる。

昼間の仕事を離れて夜の世界に飛び込んだおじさんが見たものは、何だったのだろう。

14 ラブホテルは利用するのも働いているのも中高年だった

JOB

ラブホテル清掃

「不倫は文化」ではない、「不倫は経済」だと思う。

ラブホテルを利用するのは今や若者ではなく、中高年や高齢者の割合が高いという。ラブホテルの休憩の料金は、立地や時間帯にもよるが、都内だと4000円くらいはする。コスパを重視するイマドキの若者たちはラブホなんて使わない。いや、そもそも金がかかるから恋愛なんてしないという若者も多い。

結局、ラブホを利用するのは、若者より金に余裕のある中高年ということになるのか。金がなければ恋愛も不倫もできない。

「ラブホテルに来る男性の7割は中高年ですね。中には70歳を過ぎているような、おじいちゃんも来ます。何歳になっても、楽しんでいるんだなと」

そう話すのは、自身も中高年のRさん（56）。群馬県在住のRさんは1年ほど前から、本業のかたわらラブホ清掃の副業をしている。

Rさんは地元に本社がある建設資材を製造する上場企業で25年勤めている。ところが、15年ほど前から資材不足やリーマンショックの影響で残業が減り、月40万円くらいだった収入が20

万〜30万円くらいまで落ち込んだ。

乱れた部屋を15分で原状回復

「最も苦しかったのが50歳くらいの頃。当時は住宅ローン、マイカーローン、国の教育ローン、それらの返済のためにやむを得ず借りたカードローンの4つの返済に追われていました。返済額の合計が月13万円くらいのこともあって」

Rさんは夜や土日に食品工場や飲食店、ガソリンスタンドなどさまざまな副業バイトで月に5万〜6万円の副収入を得て、返済に充ててきた。

そんなRさんも、現在は3つのローンが終了した。今も返済しているのは、国の教育ローンの月3万円のみだ。子どもたちも独立した。

今も副業をしなければ生活に余裕はないが、副業を楽しむ余裕は生まれたという。

「副業は本業ではできないような仕事ができる点がいい。どうせやるなら面白い副業をやりたいなと。ほかの人が知らない世界が見てみたい」

そうして現在やっている副業が、時給1000円のラブホ清掃というわけだ。

Rさんは、本業が終わった18〜19時以降に、職場からの帰り道にあるラブホテルに、週に3〜4日ほど出勤する。

客が退出すると、従業員室にある部屋番号のランプが消える。それを合図に、駐車場のカメラで客の車が出て行ったのを確認し、タオル・バスローブ・シーツなどをワンセットにしたものと、洗剤などの掃除道具が詰め込まれたバスケットを持って、一人で部屋に乗り込むのだ。タバコの吸い殻、乱れたベッド、水浸しのシャワー室を、10〜15分程度で「原状回復」しなければならない。

「この副業を始めてから、掃除が得意になりました。コロコロを素早くはがすコツや、風呂掃除を手早くやる方法を教えてもらって、自宅でも役に立っています。妻には正直に話していますよ。ナイショにしていたら、誰かに見られた時に怪しいじゃないですか（笑）」

Rさんに悲壮感はまったくない。働く人は中高年が多く、男女比は半々くらいだという。

「お客の半分以上はデリヘル利用じゃないですかね。デリヘルの送迎車はホテルの駐車場に入らずに、近隣に駐車して待っていますから」

おじさんの道楽を、おじさんが面白がっている。

楽しそうに話すRさんの話を聞いていたら、俄然、興味がわいてきた。筆者は都内の自宅から徒歩圏内の住宅街にある、時給１０５０円のラブホ清掃のアルバイト体験に応募してみた。

昼間でも半分以上の部屋が稼働

そのホテルは駅チカの5階建てで、夜になるとギラギラしたネオンに包まれる、30年以上営業しているホテルだ。もちろん、中に入ったことは一度もない。

指定された時刻は14時。勇んで来たものの、ホテルの10メートルくらい手前でハタと立ち止まる。「小学校のＰＴＡ役員も務める、真面目で清楚なお母さん（自称）」がウリの筆者が、ラブホに入っていく姿を誰かに見られたら、イメージが崩壊するではないか。

「最近、運動不足なんで、お掃除のバイトを探していたら、ここを見つけてぇ」

よし、これだ。明るく話せば、職業に貴賤《きせん》などない。

従業員用のドアを思い切って開けると、メイクもネイルもバッチリとキメた艶っぽい50代くらいの女性に、控室に案内された。彼女はホテルの支配人だという。

「コロナがあってからは、早い時間に利用するお客様が多いんです。もちろん深夜も営業していますが、遅い時間の利用を控える方が増えていて……」

支配人は話しながら、部屋の空き状況を知らせるモニターにチラチラと目をやる。モニターには全30室の部屋番号が表示されていて、半分以上の部屋が「休憩」で埋まっていた。真っ昼間だというのに、なかなかの盛況ぶりだ。

説明を受けた後、ブルーやピンクの照明できらめく廊下を通り、清掃中の部屋に案内された。

「おつかれさまーっす!!」

部屋に入った途端に、塩素系漂白剤の匂いが鼻をついた。カビキラーの泡にまみれた浴室で、40代くらいの女性がブラシで床をガシガシ磨きながら挨拶する。黒髪を一本に束ね、ズボンをモモまでたくし上げ、便所座りで手を動かす姿はむしろ痛快だ。

奥に入ると、紫色のライトに照らされたダブルサイズのベッドがあり、さすがに一瞬ひるむ。部屋では、20代の保育士風ぽっちゃりめ女子と、50代くらいの頭の禿げた男性がベッド周りを掃除している。このホテルでは、昼間の清掃は３人一組で行うそうだ。

都心のターミナル駅近くのホテルで働いているのは、外国籍の人が多いという。しかし、住宅街にあるこのホテルは、勤務表を見る限り日本人しかいない。20〜60代のさまざまな男女が働いている。

まずはベッド周り、テーブル、テレビ台を、アルコールスプレーしながら雑巾で拭くように指示された。ベッドメイクは二人でやると作業が早い。シーツを敷き、掛布団にカバーをかける手際のよさに見とれるうちに、紫のライトも見慣れてしまった。

「お客さんは、中高年ばっかですねー。40〜50代が多いかな」

枕カバーを取り替えながら、保育士風女子が教えてくれた。都内のラブホテルもやはりそうか。ここのホテルは3時間の休憩でも、安い部屋は4900円、高い部屋は1万1000円する。女性を呼べば、さらにお金がかかるだろう。

業界用語「はがし」とは？

拭き掃除やアメニティの補充、掃除機をかける作業を手分けして行い、30分くらいで清掃が完了した。髪の毛が落ちていないか、水回りが濡れていないかをチェックしてから扉を閉める。

「夜の清掃係は大変らしいです。15分くらいでベッドメイクと浴室の掃除をして、次のお客さんが入れるようにしなきゃいけない。だから夜は掃除機をかけず、コロコロでホコリを取るだけ。その代わりに、私たち昼間の清掃係がしっかり掃除するんです」

保育士風女子がテキパキ説明する。

次に、客が出て行った直後の部屋に移動した。乱れたままのベッドに、バスローブが脱ぎ捨てられている。飲料水のペットボトルや丸めたティッシュが、ゴミ箱に押し込められたまま。浴室からは生ぬるい湿気が漂っていた。

「生々しくて、触りたくないですよね」

保育士風女子がイヤな顔もせずシーツをはがしていく。客が退出した直後の作業は、業界用語でその名も「はがし」と言うそうだ。

はがしたシーツに、バスローブや枕カバーをすべて包んで繭玉《まゆだま》のようにひとまとめにし、室内のゴミも一つに集める。実際にやってみると、想像していたような気持ち悪さはまったくなかった。

風呂掃除は、排水溝の網もすべてひっくり返し、カビキラーをかけてブラシでこすり、最後に50度くらいの熱めのシャワーで天井から床までを洗い流す。

乱れた部屋を、テキパキとリセットしていく彼らの姿は小気味いい。ヘドロのような人間の欲望と戦う、必殺仕事人のようだと思った。

ウ〇コが落ちているのは1年に1回だけ

「この仕事は2年以上やっているけど、気持ち悪い思いをしたことはほとんどないですね。ウ〇コが1年に1回くらい落ちていることがあるくらい。あとはゲロの始末がたまーにあるくらいかな」

保育士風女子がにこやかに話す。中高年の利用が多いせいで、使い方も紳士的なのだろうか。

彼女は日勤に週4日入っていて、月の手取りは14万円程度だという。夜勤を担当すると時給が１４００円くらいに上がるが、夜は男性のアルバイトが多いそうだ。

「清掃中に、お客さんと鉢合わせしちゃうこともありますが、『失礼します』って感じで、軽く会釈すればいいだけなんで」

ホテルにもよると思うが、ここの従業員は仕事を楽しんでいる様子だ。勤続年数を聞くと、2年以上続けている人ばかりだった。特殊な世界を共有しているせいか、スタッフの連帯も生まれやすいのかもしれない。

筆者がバイト体験を終えて外に出ると、秋の空はすでに暮れて、ホテルのネオンが周囲を照らしていた。入る時はドキドキしていたのに、もう恥ずかしさはなくなっている。むしろ、新たな世界を見た高揚感と万能感で、不思議と心が満たされていた。

人間の恥部を覗くと、人より優位に立った気になる。必殺仕事人たちも、恋を楽しむ金持ちおじさんに、一矢報いた気分を味わっているのかもしれない。

15 デリヘルの送迎は稼げるのか？

JOB
デリヘルの送迎

Sさん（55）は、中国地方のある都市で、プログラマー、システムエンジニアとして500人規模のIT企業に勤めるおじさんだ。

Sさんの年収は800万円だから、地方都市では十分に暮らしていける。そのSさんが、副業としてデリヘルの送迎のドライバーを始めたのは、2年ほど前のことだ。

「ウチは結婚当時から妻が給料を管理していて、お小遣いは1円ももらっていません。自由に使えるお金が欲しいので、副業は若い頃からやっています。これまで主にやってきたのは、デイトレ（デイトレード）と物販です」

Sさんは仕事の合間に、デイトレで株を取引したり、海外から中古のレコードを購入し、それを売ったりすることを副業にしてきた。中古レコードはSさんの趣味で、さまざまな国で発売されたビートルズなどのレコードを国内で転売する。いずれもネット上で完結する仕事で、月に5万～10万円ほど副収入を得ていた。

「ここ10年くらいは円安の影響で、レコードの仕入れにお金がかかり、稼ぐことが難しくなってきました。デイトレだけだと副収入が安定しないので、月3万～4万円稼げる副業がないかと考えた時に、デリヘルの送迎なら楽かなと思ったんです。普段会わないような人に会ってみたいという気持ちもありました」

デリヘルの初出勤で目にしたもの

先ほどのラブホテル清掃のRさんの話にも登場したが、デリヘルとは「デリバリーヘルス」の略で、性的サービスを行う女性を、ホテルや男性の自宅に「デリバリー」する風俗業態だ。女性送迎のためのドライバーが、デリヘルには欠かせない。

ちなみに、Sさん自身はデリヘルを利用したことは一度もないそうだ。

Sさんの住む県の最低賃金は800円台後半（2022年5月時点）、デリヘル送迎は1000〜1300円ほどの時給で募集が出ている。Sさんは「デリヘル　送迎」で検索し、ナイトワーク専用のアルバイトサイトから「1日数時間からOK」「時給1100円」というような求人に3件ほど応募してみた。

メールで返信のあった1社にSさんが電話をかけてみると、相手は営業マンのような、ごく普通の応対だったという。

「『いつから来られますか？』と、すぐにでも働いて欲しそうな勢いでした。あとは週に何日働けるか、時間帯はいつがいいかを聞かれたくらいです」

電話から2日後に初出勤。指定された場所は、繁華街に近い5階建ての普通のマンションの一室で、事務所と女性の待機所を兼ねている場所だった。

玄関のチャイムを押すと、出てきたのは40代くらいの営業マン風の男性。イカつい雰囲気は一切なく、かといって飲食店の店長のような客商売風でもない。ラフなジャケットを着て、Sさんの会社のエンジニアにもいそうな風貌だったという。

あとからわかったことだが、男性はそこの責任者（店長）で、オーナーは別にいる。彼は注文を受けて、女性を派遣したり、ドライバーを配置したりする仕事をしているようだった。

「室内の広さは２ＬＤＫ。靴を脱いで中に入ると、リビングが事務所で、あと二部屋は女性の待機場所になっていた。私が行った日は女性が二人いて、いずれも30代半ば。派手でも清楚でもなく、容姿も服装もすべてが中くらいでした」

デリヘル送迎はまさかの「ドライブ・マイ・カー」

事務所には、こじゃれた机にパソコンが1台あるだけ。生活感はもちろんないが、事務所的な雰囲気もない。固定電話はなく、発注はネットで受けているようだ。

デリヘルは警察に届け出を出せば、誰でも開業できる仕事だと言われる。反社会的勢力が関わっている印象があるが、実際にはカタギが経営している店も多い。

ソープランドの経営者にホームページ制作を依頼されたという知人に聞いた話だが、打ち合わせに現れたソープの社長は、白シャツに黒縁メガネの若い草食系男子だったそうだ。

風俗業界の裏方は、みんながみんなやくざ映画にでてくるような人ばかりではないらしい。だからと言って、業界全体が健全化しているとは言えないが……。

デリヘルドライバーの雇用形態は業務委託契約（個人事業主）が多く、風俗でサービスする女性たちと身分は同じだ。Sさんの場合、お店と契約書を取り交わすことなく、運転免許証のコピーを取って、報酬の振込先を伝えただけだったという。

「デリヘル送迎では、基本的に自分の車を使用します。お店が車を用意してくれるのは一部の大型店くらいでしょう。ガソリン代は時給とは別に支給され、月末に走行距離を伝えます」

これにはちょっと驚いた。そういえば、宅配便のドライバーも、配達に使うのは自分の車だ。都内にあるデリヘルにもいくつか問い合わせたところ、やはり自家用車を使用することが基本のようだ。

とあるお店に「軽自動車でもいいのか」と聞いてみたところ、車種は問わないとの返事だった。

待ち時間に司馬遼太郎を読破

Ｓさんの勤務は週に２日、19～24時だった。Ｓさんがシフトに入る日の流れを見てみよう。

まず、本業の仕事を18時頃に終える。Ｓさんは家族と一緒に夕食を取り、開始時間の19時になると、店長に「時間になったので、入ります！」という電話をかける。すると、「○○というホテルから、（女性が）○時○分に出てくるから」と指示される。

「私が入る時間はすでに女性がホテルに出張しているので、家から直接ホテルに迎えにいくところからスタートします。事務所に出勤したのは初回だけで、その後は一度も行っていません。女性の自宅まで迎えに行くことも、ほとんどありませんでした」

家族には、「ＩＴ系の仕事の手伝いにちょっと行ってくる」みたいな感じで出かけていた。服装の指定は特になく、ポロシャツやトレーナーなど普段着のまま。向かうのはたいていホテル街だ。

「指示された時間の１分前に、ホテル入り口の人影が見えるようなところに車を停め、出てきたと思ったらスッと近づきます。女性は私の車種を事前に知らされているので、声をかけなくても勝手に後部座席に乗ってくる。サービスの延長がない限り、決まった時間に出てきますし、延長の場合は指定時間の10分くらい前に店長から変更の連絡が入ります」

Sさんの車は、グレーのプリウス。環境に優しい車に女性を乗せると、そのまま次のホテルへ送り届ける。だいたい1時間に1〜2名の女性を運び、24時の終業まで、1日に4〜5名の女性を乗せていた。

「移動距離は基本的に半径5キロ圏内。移動時間は長くても30分、ほとんどは10分くらいで目的地に着きます。だから勤務中は待機している時間の方が長かった」

車を停めて待っていると、デリヘル送迎の同業者はすぐにわかる。ドライバーは60代くらいの高齢者もいるし、20〜30代の若い人もいる。Sさんと同じような中年もチラホラ見かけた。

Sさんは待機中、ほとんど読書していたという。読んだ本は司馬遼太郎が多く、『坂の上の雲』や『竜馬がゆく』を読破したそうだ。デリヘル送迎の車内で司馬遼太郎、日本の夜明けは近いのか。

容姿のレベルは10段階で5〜6

お店に所属していた女性は40人ほどいたらしいが、1日あたり稼働しているのは10人もいなかった。

「良くも悪くも、ごく普通の女性が多かった。容姿レベルは10段階で5か6くらい、年齢は30代半ば〜40歳くらいが一番多かったです。服装はみんなカジュアルですが、必ずスカートをはいていた」

移動中に女性をねぎらうこともＳさんの仕事の一つだ。

「こちらは『お疲れ様』しか言いません。向こうから『今日のオヤジ、マジでキモかった』というような愚痴を吐かれたら、『大変でしたね』とねぎらいますが、こちらからは積極的に話さないようにしていました」

女性たちは車の中で、一言もしゃべらないタイプと、よくしゃべる女性に分かれた。

「何もしゃべらない女性は、『お疲れ様』と言っても反応なし。しゃべる人はずっとしゃべりっぱなしで、際どいプレイの内容まで話してくる人もいます。何もしゃべってくれない人の方が、車内の空気が重苦しくて面倒くさいです」

Ｓさんは『レ・ミゼラブル』のジャン・バルジャンのように、娼婦ファンティーヌを救う気はさらさらない。それでも、自分と違う境遇の女性たちの存在を知ることができてよかったと話す。

「デリヘルをやっているのは、お金に困っている人がほとんど。ホストで散財して借金を背負ったとか、家族が借金を抱えていて返済を手伝っているとか、付き合っている男に貢いでいるとか、いろんな理由でお金を必要としていた。デリヘルは精神的にも肉体的にも大変な仕事ですが、みんな頑張っているんだなと思いました」

１日10人くらいのお客さんを取っていた女性もいた。彼女たちが１日にどれくらい稼いでいるのかまではわからない。

仕事のあとはスプレーで消臭

家族も乗せる車に、知らない女性を乗せることに抵抗はなかったか。

「基本的には後ろのシートに座ってもらい、そこにはビニールシートを密かに敷いていました。1日の仕事が終わるとシートを剝がして、スプレーで消臭してましたね。香水の匂いとかで家族に疑われても困りますから……」

Sさんは仕事で、お客の男性を見かけることはほぼなかったという。プレイ中に女性とお客とのトラブルが発生し、部屋に乗り込むということも一度もなかった。

お店は朝の5時くらいまでやっていたので、Sさんのあとには別のドライバーが送迎を担当する。Sさん以外にドライバーは2~3人いたようだが、直接会ったことはないので詳細は不明。

Sさんがこの副業で稼いだのは月4万円ほど。1年ほど勤めたが、現在は辞めている。デイトレで十分な利益が出せるようになったからだそうだ。

「なんですかね、普通に生活していたら絶対に会うことのない人たちだったので、つまらない仕事ではなかったです。一度は見ておくといいんじゃないかという世界でした。ただし、長々と続ける仕事ではないと思います」

「なぜ長く続ける仕事ではないのか」と聞くと、Ｓさんはその理由をハッキリとは答えなかった。

16 「カネが足りない」年収1000万円の大手営業マン

JOB

キャバクラのキッチン

夜の蝶が舞うキャバクラで副業をはじめたおじさんもいる。茨城県に住む、大手製薬会社の営業マンTさん（42）だ。

「ウチは高校生の子どもが二人いて、教育費だけで年間300万円くらいかかるんスよ。二番目の子がスポーツ強豪校に推薦で合格して学校の寮に入りまして。寮費や試合の遠征費なんかも含めると、それくらいになっちゃう。でも本人のために、金は惜しみたくない」

出費を嘆きながらも、自慢のお子さんについてドヤ顔で語る。Tさんの年収は1000万円弱。高校無償化などの「特典」の対象外で、税負担も重いため、お得感の少ない層だ。もう一人のお子さんは大学進学を控えており、住宅ローンも返済中。つまり、人生で一番お金がかかる時期にさしかかっている。

「年収は低くないですが、ハッキリ言ってカツカツです。一度、奥さんに預けているクレジットカードの明細を見たら、食費だけでも月15万かかっていて。金はいくらあっても足りません」

Tさんは家計にゆとりを持たせるため、「教育費捻出プロジェクト」をぶち上げた。

まず専業主婦だった奥さんが、コンビニでバイトを始めた。Tさんもコロナ禍でリモートワークが増えたのをいいことに、時給１５００円のキャバクラのキッチンへ入ることに。Ｔさんの会社は副業禁止だが、個人経営のキャバクラなら、会社にバレないだろうと思ったのだ。

サラリーマンが客としてではなく、バイトとしてキャバクラへ――。一体どうなってしまうのだろう。

キャバクラで一番偉いのはもちろんキャバ嬢

店の営業時間は19～24時。Ｔさんは本業が終わった後、店が一番忙しくなる21時に出勤し、閉店後の深夜１～２時ごろまで働く。

Ｔさんの担当はドリンクを作り、つまみを盛りつけ、それを客の席まで運ぶこと。普段のＴさんはほとんど料理をしないそうだが、仕事にはすぐ慣れた。

「ドリンクを作るのは簡単でした。田舎のキャバクラなので、シャレたカクテルなどは出していない。ビールやウーロンハイ、梅酒などを作ればいいので」

店で働く裏方はＴさんのほかに、中年男性の店長と若いバイト、マツコ・デラックスのような巨体のママがいた。

在籍しているキャバクラ嬢は20～30人。ほとんどがネイルとアイメイクが派手なギャル系で、20代前半の女子大生やフリーターだったという。つまりキャバ嬢と言っても、Ｔさんのお子さんとそれほど年齢は変わらない。

そんな彼女たちが受け取る報酬額を見て、Tさんは衝撃を受けた。

「店を閉めた後、キャバ嬢たちは日払いでお金をもらうんです。それが一晩で5万円以上もらっているコがいるのには驚きました。だって自分は一晩6000円ですよ！　やっぱりキャバクラは、キャバ嬢あっての商売なのだと痛感しました」

ところ変われば、人の価値も変わる。会社を離れると、おじさんは非力な存在だ。

キャバ嬢に罵倒される「マツコ・デラックス」

店ではキャバ嬢が一番偉いと思い知らされたシーンはもう一つある。マツコ・デラックスのようなママが、キャバ嬢たちにメチャクチャ嫌われていたのだ。

「マツコ（？）は雇われママなんですが、キャバ嬢たちから『マジで使えない』と陰で罵倒されていて、たまに来る店のオーナー（元銀座のホステス）からも、怒られてばかりでした」

いっぽう男性の店長は、キャバ嬢たちのモチベーションを上げるのが上手く、彼女たちから頼りにされていた。Tさんは「キャバ嬢に嫌われると、自分の立場も危うい」と思い、キャバ嬢に気に入られるよう下手に出ていたという。

「人に媚びるのは慣れています。娘くらいの年のキャバ嬢に対しても、全然抵抗はありません。

客が引いた後に『お疲れ様っす！』って感じで、キャバ嬢をねぎらいます」

昼間のＴさんは、クリニックや総合病院の医師の元へ足繁く通い、自社の薬を売り込むことが仕事。医師から「愛《う》いやつ」と思われることを使命としている「太鼓持ちタイプ」の営業マンだ。

「製薬会社の営業って、ハッキリ言えば医者に顔を覚えてもらうことが仕事なんスよ。よっぽど画期的な新薬が出ない限り、他社と差別化なんてできない。それより医者にかわいがられることが大事。『ラーメン好き』の医者がいれば、『おいしいラーメン屋、見つけました！』と言うためだけに病院へ行くんです」

そんなＴさんにとっては、ご機嫌を取る相手が、医師からキャバ嬢に変わっただけだ。子どもの将来のため、朝から晩まで太鼓を叩き続けるＴさん。お子さんたちに、そんなパパの雄姿を見せてやりたいものだ。

キャバ嬢が休むとバイトも閉店ガラガラ

店はガテン系の若者や建設業の経営者などでいつも賑わっていて、店内の10卓以上あるテーブルが満席になるほどだった。客は、お気に入りのキャバ嬢さえいれば、雨だろうが雪だろうがやって来る。

そのため、店でのTさんは常に忙しかったという。

「客からドリンクや料理の注文がどんどん来るので、頭で整理しながら、次々とさばかなきゃいけない。注文を間違えないよう気を遣いながら手を動かすのは、かなり疲れました」

反対にキャバ嬢の出勤が少ない日は、Tさんも休みになってしまう。

「店長から『今日は○○ちゃんが来ないから、仕事なし』と連絡が入るんです。つまり、『忙しい時は来て欲しいけど、ヒマな時は来るな』という都合のいい存在。それなのに、出勤している時はひたすら働きづめで」

一息つける時間があればまだよかった。ひたすら忙しい時間が続く時給1500円は、Tさんにとってまったく割のいいバイトではなかったという。

「もし月10万円くらい稼げるなら、我慢できたかもしれない。でも仕事に入れない日も多かったので、稼いだのは月5万円程度。肉体的にもハードだったので、その金額と健康を天秤《てんびん》にかけると、続けられませんでした」

結局、Tさんは、数カ月でキャバクラを辞めてしまった。

次にTさんが手を出した副業は、YouTubeの動画配信。何とかユーチューバーとして稼げないかと考えたのだ。

愛犬のＹｏｕＴｕｂｅをヤケクソで配信中！

「やっぱり、これからは発信型の副業だろうと。自分が働かなくても、サイトが勝手に稼いでくれるのはいいですよね」

Ｔさんのｙｏｕｔｕｂｅに登場するのは、タレントとして飼い始めたトイプードルの「マロンちゃん（仮名）」。マロンちゃんの日常をスマートフォンで撮影・編集し、週1でＹｏｕＴｕｂｅに投稿する。

ＹｏｕＴｕｂｅで収入を得るには「チャンネル登録者」を1000人以上集めるなどの条件を満たす必要がある。つまり、マロンちゃんのファンを最低1000人集めなければいけない。

しかし一般ユーザーは、医師やキャバ嬢のようにはいかなかった。

「マロンちゃん、メチャクチャかわいいんです。床に大の字に寝そべる、甘えたポーズもたまらない。でも、再生数は全然です。まったくバズらない。大したクオリティーでもないのに、ＹｏｕＴｕｂｅを始めてすぐにハネる人っていますよね？　あれ、何なんスかね」

投稿者は何かのきっかけに圧倒的な注目を集める「バズ」が起こることを期待する。しかし、いつ何で「バズる」かは誰にもわからない。ＴさんはＹｏｕＴｕｂｅの再生数を稼ぐため、ＴｉｋＴｏｋやＴｗｉｔｔｅｒ（現Ｘ）も始めるなど、あらゆることを試した。

しかし、「マロン・チャンネル（仮）」は、凪《なぎ》のように静かなまま。チャンネル登録者は現在100人。

「こんなにやっているのに報われない。もう途中から考えが変わって、登録者なんて増えなくていいから、マロンちゃんとの思い出をアップしようと。マロンちゃんがかわいければいい……」

期待していた成果が得られないことに絶望し、「自分さえよければいい」という境地に達する投稿者は多い。

Tさんの「教育費捻出プロジェクト」は迷走している。マロンちゃんを飼い始めて、稼ぐどころか、出費もかさんだ。それでも、Tさんはお子さんに投資を惜しまない。

「スポーツ強豪校に進学した子どもの試合には、どんな遠方でも応援に駆けつけていますよ。交通費もかかるけどしょうがない。高いスポーツ用品も、必要ならどんどん買っている。当然でしょう」

どんな倹約家でも、子どもの教育費だけは別会計という家庭は多い。金もないのに、なぜか「子どもの将来のため」という名目で、どんどん金を払ってしまう。まるで、「先のことはわからないけれど、いつか大きな飛躍と共に回収できるだろう」という、日本国債の如き希望的観測で乱発してしまうのが子どもの教育費だ。

Tさん、今後はどんな副業にチャレンジするのだろう。

17 LINEからの遠隔指示で風俗店のパシリ

JOB

メンズエステの雑用係

夜の世界にも「リモート対応」の仕事が広がっている。雇用主に一度も会わないまま、ＺｏｏｍやＬＩＮＥで指示を受けて仕事をする。いや、日の当たらない仕事ほどＤＸ化は早いのかもしれない。

「仕事はＬＩＮＥで指示があります。オーナーにはビデオ通話でしか会ったことがありません。カタギの人だとは思いますが、かなりグレーな仕事なので、正直よくわかりません」

何やら怪しい仕事について語るＵさん（46）は、四国の県庁所在地に暮らす中年男性だ。Ｕさんは普段、地元で雑貨店を経営している知人の下で事務を担当している。そのＵさんが１年ほど前から始めた「グレーな仕事」とは、マンション型メンズエステなるものだという。

マンション型メンズエステって何？

「知り合いの知り合いの、そのまた知り合いから、市内のエステ店で雑用をやってくれる人を探しているという相談がありました。収入を増やしたかったので、本業の合間に副業でやることになりまして」

「世間知らずのおっとり系マダム（自称）」である筆者も、「エステ」と言われて「美容関係ですね」と言うほど世事に疎いわけではない。単刀直入に聞く。

筆者：「……もしかして、風俗ですか？」

Uさん：「いや、風俗ではないと申し上げておきます」

どうもややこしいが、つまりこういうことだ。Uさんが副業をする「メンズエステ」とは、客は全員男性、施術するのは全員女性。女性は男性にオイルマッサージを行うそうだが、なぜか服装はセクシーな下着姿。

「よくニュースで『風俗営業法の摘発を受け……』っていうお店が出てくるじゃないですか。ああいうグレーな感じの店ですよ。店は風営法の届けを出していないので、Hなことをしたら警察に捕まる。だから禁止です」

風営法の届け出を出さず、「エステ」として営業するこうした店は多いらしい。あくまでも風俗ではないと言い張る「第三のビール」みたいなものか。

「全然知らない世界なので、ちょっと覗いてみたいという気持ちがありました。でも危険な仕事です」

一度も姿を現さない経営者

Uさんが副業をするメンズエステは、繁華街に3店舗ある。そこに女性セラピストを交代で配置し、客はそこでサービスを受ける。

「店舗と言ってもただのワンルームマンションです。いずれの部屋にも応接セットとレザーのマット、あとは洗濯機があるだけ。オーナーは僕の住む県には住んでいないので、現地で動く役を僕がやっています」

Uさんはオーナーから、ＬＩＮＥで発注を受ける。トイレットペーパーやゴミ袋、お茶、紙コップ、クイックルワイパーなどを購入し、女性セラピストや客のいない時間にそれぞれの部屋に運ぶのだ。

基本的な仕事はそれだけ。Uさんは店長でも何でもなく、在籍する女性たちの勤務管理は遠方にいるオーナーが行い、やはりＬＩＮＥで指示を出しているという。オーナーは「もしもの時」を警戒し、リモート経営をしているのだろうか。

「グレーな商売ですから、いつ何時、警察が踏み込んでくるのかわからない。僕は『頼まれてやっていただけ』と言い張れるよう、荷物を置いたら即退出しています」

でも、度々ヤボ用が発生する。

「業務で使用するタオルなどの洗濯は女性の仕事で、部屋に備え付けてある洗濯機でシフトに入った人がやることになっています。しかし、洗濯されないままタオルが山積みになっていることがあり……」

そんな時は、Uさんがタオルを抱えてコインランドリーに走ることになる。

「ゴミ捨ても女性の仕事なのに誰もやらず、ベランダがゴミの山になっていることもあります。それを捨てるのも僕です」

時給は1000円（Uさんの県の最低賃金は800円代後半）。自宅を出てから帰るまで時給が発生するが、せいぜい1～2時間程度で終わるので、副業収入は月1万円くらいにしかならない。

「最初は月に4万～5万円稼げると聞いていましたが、まったくです」

Uさんはオーナーに「自分に頼らなくても買物くらいは女性たちにお願いすればいいのでは」と提案し、「辞めさせて欲しい」と訴えた。

「でもオーナーは『女の子にそこまでお願いできない』と。女性セラピストを集めるのは大変なので、雑用を押し付けて辞められると困るのでしょう。だから僕のような都合のいい存在が必要なのです」

代わりが見つからないと説得され、Uさんはこの副業をズルズルと続けている。

転職続きの人生

Uさんが荷物を運ぶと、たまたま女性セラピストに鉢合わせすることもあるが、Uさんは極力関わらないようにしている。

では、女性のモチベーション維持やリスク管理は誰がやるのか。こうした仕事はマネジメントなしでは成立しない気がするが。

「お店でナンバーワンの30代セラピストが、女性たちのリーダー役を務めているようです。僕も数回会っていますがメッチャ綺麗な人。彼女がほかのセラピストの指導係もやっているらしいです」

それでも、すべてを指示するのは、一度も姿を見せることのないオーナーだ。

「オーナーは同じような業態で、他の地域でも経営しているようです。どれくらい儲かっているかわからないですが、売り上げが上がっても、僕のバイト料が増えるわけではありませんから」

Uさんは本業も正社員ではない。業務委託のような形で、在宅で仕事を請け負っていて、収入は月15万円。社会保険もボーナスもない。

Uさんが社会人になったのは就職氷河期。数学の教員を目指していたが、大学卒業後に正社員として勤めたのは、パソコンメーカーのコールセンターだった。その仕事では指導役のスーパーバイザーにまで上り詰めた。

「コールセンターってその会社では底辺ですよ。何とか頑張ってやっていましたが、クレーム対応などストレスが多い職場で、上司のパワハラに遭い辞めました」

その後、ＩＴ系のコールセンターなどを4社ほど転々とした。サラリーマンが嫌になり、バイク部品を転売したり、派遣会社に登録して食いつないだ時期もある。結婚もしたが数年で離婚。

「人付き合いが苦手で仕事が続きません。結婚ももういいです。現在、国民健康保険は減免、国民年金は免除制度を利用しています。家はオヤジが残した持ち家に住んでいるので、何とか暮らせている状態です」

現在の本業では、「業務を増やして報酬も上げる」と経営者から言われてはいるものの、それがいつになるかわからない。そんな不安定な生活を送っていた時に紹介されたのが、メンズエステの雑用だったというわけだ。

「どうせ60代で死ぬんで」

Uさんは自分の今後をどのように考えているのだろう。

「将来のことはメチャメチャ不安です。今は一人なので生きてはいけますが、貯金はしない主義なので全然ありません」

老後はどうするのかと聞いたら、「65歳までに死ぬ予定なんで」との回答。

Uさんのように貯金もなく、年金も払っていないという氷河期世代の独身男性に今後のことを聞くと、「どうせ60代で死ぬ」と発言する人にしばしば出会う。独身男性の寿命が平均値・中央値いずれも60代であることが影響しているのだろうか。

そして、彼らが共通して語るのは「人間関係が苦手」だ。就職が思う通りにいかず、ストレスフルな職場に翻弄され、人間関係が苦手、家族もいないという要素が重なると、「どうせ死ぬ」という考えになるのかもしれない。

Uさんがメンズエステという特殊な仕事に手を出したのは、「それでもどこかに自分の爪痕を残したい」という叫びなのだろうか。

余談だが、90歳になる筆者の父はつい最近までそこそこ元気だったのに、徐々にトイレに行くのが不自由になり、ウ〇チを漏らしまくり、「もう死にたい」「オレを殺せ」と毎日のようにわめいている。

慌てなくても人生100年時代は、まだまだ死にたくなるチャンスが何度かあるらしい。自分の足でトイレに行けるうちはラッキーと思って生きるしかない。

「とりあえず、メンズエステの副業は辞めます。今の本業でもう少し収入が増えればいいのですが。貯金も少しはしないといけないですね」

Uさんから少しだけ前向きな発言が出た。とりあえず、ヤケを起こさずに生きていこうではないか。

Column
Undercover interview
体験取材

「サステナブルなおじさん」ってなんだ？

地球に優しく、かつ経済成長も可能な環境対策はあんまりなさそう。同じように、おじさんに優しく、かつ稼げる副業も世の中にそんなにないようだ。

「これはおじさんに優しい副業かも……」と思って話を聞いてみても、実際は「グリーンウォッシュ」（内容が伴わない、うわべだけの環境対策）ならぬ、「おじさんウォッシュ（?）」だと思うことも多い。

そんな折、「夜や土日の求人が多いホテルの宴会場設営は、時給が高く、中高年男性が比較的多い」というウワサを聞き、「すわ、おじさんに優しい副業か?」とバイトに入ってみることにした。

ちょうど師走のころで、都内はどこのホテルも活況。年末の宴会場は忘年会や結婚式、シンポジウムや会議の予約で埋まり、日ごろの人手不足がさらに加速する。

「1日80名のスタッフを集めようとしても、半分も集まらない日もある」

ホテルなどの飲食関係に人材を送り込む、とある派遣会社のスタッフが嘆いていた。

筆者もある高級ホテルの「宴会準備スタッフ／時給１５００円／17～22時」というバイトに申し込んでみたところ、「明日来られるなら、来てください!」と即オンライン面接、即採用となった。

外国人とおじさんは裏方担当

当日、指定されたホテルの裏口から入ると、バイト専用の衣裳部屋に案内され、黒ズボン、ベスト、白シャツに着替えさせられた。

集まったバイトの面々は、大学生らしき日本人の男女数名、若いアジア系の男女数名。このホテルで働く外国籍の人は、モンゴル人、ネパール人、ウズベキスタン人が多いという。

そして、50代前後と見られる中高年男性が数名いる。すでにホテルの制服に着替えているので、どういう素性のおじさんかはわからない。

ホテルの担当者が、筆者にこそっと話しかけてきた。

「今日はウラの仕事だけど、今月空いている日があれば接客をやらない？ 接客は日本人女性を優先するから。日本人が足りない時は、外国人の、日本語レベルが高い女性をオモテに出すことになるんだけど……」

「私のような中年女でも、まだ高級ホテルのオモテの仕事で使ってもらえるのか……」と、一人ニヤける筆者。どんなに人手不足でも、日本人のバイトのおじさんが、オモテの仕事に回されることはないのだろう。

最初の仕事は、深紅の絨毯にシャンデリアがきらめく大規模宴会場の片付け。何のパーティーかは不明だが、つい先ほどまで「宴もたけなわ」だった様子。

人だけがいない会場には、真っ白なテーブルクロスに、食べ残しの皿と飲みかけのグラス、ビール瓶やワインボトルが放置されている。8人掛けの円卓がおよそ30卓はあるだろうか。

特別な指示はなく、周りのバイトが動き始めたので、見よう見まねで食器を片付ける。残飯をカート付きの大きな容器に入れ、酒のボトルの飲み残しをバケツに流し込む。

手つかずの料理がいくつもある。「野菜の皮までキンピラにする、エコロジー派の主婦（自称）」からすると、そんな日々の努力をあざ笑うかのような残飯の山には唖然《あぜん》とする。

「このまま持って帰って冷凍すれば、少なくとも1カ月は我が家の夕食が賄えるな」などと貧乏くさいことを考えながら、料理を捨てまくる。

ホテル宴会場ウラのスラム街

すべての皿や残飯が片付いたのは1時間後くらいだろうか。その後は、テーブルクロスをはぎ取り、机と椅子をバックヤードに運ぶ作業が始まった。おじさんがメインの仕事だ。

「女性は力仕事をしない」と聞いていたが、この日は人手不足で、そこは容赦なし。自分の身長ほどもある丸テーブルを畳み、転がしながら宴会場の裏側へ移す作業を命じられる。

テーブルを転がすと言っても、かなり重量があり、バランスが取りづらい。向こう側に倒れそうになりながら、自分の方に倒れてこないように転がすと、相当な圧が肩にきた。

「とにかく怪我だけはしないで！」

ホテルの社員から何度も釘を刺される。おじさんや若い外国人男性が積極的に動いてくれたが、この仕事は65歳を過ぎたら無理だと思う。肉体に限界が来た時、ここでのおじさんの商品価値は外国籍の青年以下になるだろう。

机を転がしながら宴会場のバックヤードにたどり着くと、そこにはどこの国のスラム街かと思うような光景が広がっていた。

食器用のワゴンには、麻婆豆腐、ソースのかかったムースなどがべっとり皿にこびりついたまま。洗濯物のカートには、使用済みのおしぼりやテーブルクロスが山積みになっている。それらが狭い通路にいくつも放置され、残飯とアルコールの混ざった不快なニオイが充満していた。

通路にはキッチン担当の外国籍の人の母国語が飛び交い、その脇をバイトのおじさんが額に汗を浮かべ、椅子やテーブルを運ぶ。

「危ない、危ない！そこ、通るからどいて！」

ヘルメットにスタジャン姿のスタッフ、電気工事の作業服の一団、音響装置や大道具が次々と横切っていった。大規模宴会場で次のイベントのセッティングが始まったらしい。今度はとあるIT企業の展示会場に変身するという。

華やかで広々とした宴会場のウラにある、狭く薄暗いスラム街。そんなパラレルワールドで、2

年前から週末に副業バイトをしているという、会社員のVさん（52）に話を聞くことができた。

宴会場で働く中高年の本音

「本業でもシンポジウムや会議でホテルの宴会場に来ることがあって、ウラ側がどうなっているのか見てみたいと思っていました。たまたまアルバイトサイトで見つけて、月に数回働いています」

聞けば、Vさんは誰もが知る有名企業のエンジニア。工場などで使用される自動システムを作っているという。年収もそこそこあるようだし、なぜ副業をしているのか。

「30年同じ会社で働いてきましたけれど、50歳を過ぎて定年後のことを考えた時、今まで培ったスキルが外では通用しないのではと思うようになりました。退職したら、いっそ全く違う仕事をしてもいいのではないかと、副業を試しているところです」

長年勤めてきた会社に最適化され、外で戦える武器が何もないと不安を感じている中高年は多い。Vさんは、ほかに家庭教師派遣会社にも登録し、中学生に数学を教える副業ができないかと考えているが、そちらからはまだ依頼がないそうだ。

Vさんにホテルの宴会場の仕事が、キツくないのか聞いてみた。

「この年ですから、土日にバイトすると、水曜日くらいに疲れがきます。でも、机や椅子を運ぶ作業は、運動になっていい。スポーツクラブに行くより、お金ももらえるし。それより１００枚以上のナプキンを折り畳む作業をやらされるのが一番イヤ。単純作業がつらい」

宴会場設営は椅子やテーブルの移動が一段落つくと、ナプキンを畳んだり、ナイフやフォーク、グラスを磨いたりする仕事をすることがある。

Vさんはこうした単純作業を通して、自分の本業について考えさせられたという。

「会社では、単純作業を人の代わりに機械がやるシステムを作っている。世の中の仕事を単純化させている自分が、実は未来の自分の仕事を奪っているのかもしれない。皮肉だなと思って……」

「持続可能」なおじさんを目指して

休憩時間に、バイトにホテルからまかない弁当が出た。ウズベキスタン人の青年が、「豚肉ガハイッテナイ弁当、アリマスカ?」と尋ねてくる。イスラム教徒の彼は、豚肉が食べられないようだ。あいにく、用意された弁当は「味噌カツ」や「豚の生姜焼き」ばかり。ウズベキスタン人青年は弁当を諦め、持参したリンゴをかじって飢えをしのいでいた。

休憩後に、大規模宴会場をのぞいてみると、IT企業の展示会の設営がかなり仕上がっている。こういう会社は羽振りがよさそうだ。

木材で作られたウッドデッキ調のステージを中心に、森の風景の映像がスクリーンに流れ、今流行のSDGsで、エコロジーな雰囲気だ。SDGsのマークも、あちこちにプリントされている。

このIT企業が使用した小宴会場で、弁当の山を片付けるように命じられた。手つかずの弁当20箱ほどは、このまま廃棄されるのだろう。弁当にありつけない人がいる一方で、弁当を捨てている現実。全くSDGsではないが大丈夫か。

「ウラ側ってどこもこんな感じなんでしょうね。食べ残しの山を見ると驚きます」

Vさんも乾いた笑いを浮かべていた。肉体労働も接客もできず、オフィスワークもAIに取って代わられていったら、いつかおじさんも捨てられてしまうのか。いやいや、経験豊富で忍耐強い日本のおじさんを捨てるのは「もったいない」。

SDGsは2030年までに「世界の飢餓や貧困をなくす」「気候変動の緊急対策を講じる」など、壮大なゴールを目指しているようだ。ついでに「持続可能なおじさんの開発目標」も掲げてみてはどうだろう。本家よりは先に達成できるような気がするのだが。

第5章

部活のノリ？

コロナで家計に打撃を受け、やむを得ず副業をはじめた中高年もいる。彼らが取り組んだのは、学生時代にやったことがあるアルバイトだった。若い頃のアルバイトや趣味が生きたというケースは多い。経験したことがある仕事は、案外強みになるのだ。

また、倉庫作業、警備などは「いい運動になる」「部活みたい」と話すおじさんも多い。肉体労働と侮るなかれ。中高年になれば、肉体労働も健康維持のためのエクササイズになるのだ。

18 航空会社イケオジがハマった副業

JOB
塾講師

副業は愛人と似ていると思うことがある。

本業（本妻）がありつつも、副業（愛人）をかけもちするおじさん。おじさんたちは、副業では本業のような責任は負いたくないと考える。面倒なことは避け、副業のおいしいところだけ味わいたい。しかしそんな都合のいい副業（女）はそんなにない。

本業の合間に、周囲に知られないようにコッソリ副業をして、家族にさえ秘密にしているおじさんも多い。そんなところも愛人と似ている。

大手航空会社に20年以上勤めるエンジニアのWさん（47）も、家族に内緒で副業をはじめた一人だ。Wさんはコロナ禍のころ、中学生向けの学習塾で講師のアルバイトをしていた。

Wさんは趣味がサーフィンとフットサルという、沢村一樹風のイケオジだ。普段は飛行機運航のバックオフィスを担当、飛行機操縦のマニュアル作成やフライトプランの原案作成、飛行機の製造会社と技術的な打ち合わせなどの仕事をしているという。

「ウクライナ侵攻のときにはロシア上空を日本の飛行機が通れなくなったので、どのコースを通るか、その時に必要な燃料がどれくらいかかるかなどを計算していました」

　コロナで大打撃を受けた航空業界。Wさんはコロナ後に、年収が1100万円から800万円まで落ち込んだ。

「ネットニュースなどで、『コロナ中、仕事がなくなったCA（キャビンアテンダント、客室乗務員）が、コンパニオンやパパ活をしている』という話題を見かけましたが、実話ですよ。職場でCAさん同士がそういう話をしているのを、耳にしましたから」

　さわやかに内情を暴露するWさんに対しても、「年収800万円なら、別に副業しなくてよくね？」と思ってしまうが、そこは個人の事情がある。

塾講師バイトで一番求められるもの

「娘二人が私立の中高に通っていて、その学費が年間200万円くらいかかるんです。家のローンもだいぶ残っていますし、年収の落ち込みはかなり痛かった。会社は副業を黙認していました」

　コロナ禍では、週3日はリモートワークとなり、家にいる時間が家族内で一番長くなったというWさん。体力的にも余裕ができたので、内緒で副業を始めることにした。

　有名私立に通う娘と美人妻には、イケてる夫が副業する姿は見せられないということなんだろうか……。

Ｗさんは学生時代に経験した塾講師のバイトを探した。かつては中学受験をする小学生に、国語、算数、理科を教えていたという。自身も中学受験を経験し、男子校の中高一貫校から有名私立大を卒業している。

「私はＴＯＥＩＣ９００点以上で、仕事では日常的に英語を使っていますから、英語の先生くらいはできるかなと。ただ、うまく教えられるか自信はなかったです。大学生の頃は難しい受験問題も解けましたが、今は厳しいでしょう」

アルバイトサイトで「週１からＯＫ、土日ＯＫ、駅チカ、時給は１８００～２５００円」というような募集を見つけた。新聞広告などで目にする、首都圏でチェーン展開する学習塾だ。

Ｗさんは「家から近いと、家族にバレやすい」という理由で、自宅からは数駅離れた教室を選んだ。採用面接は授業前の教室で、校長と二人でちょっと話して終わりだったという。

何が採用の決め手だったのだろうと聞いてみると、

「自分で言うのもナンですが、普段から英語を使っていることに加え、コミュ力、人当たりがいいという点が評価されたのではないですかね。あと、塾はサービス業ですから、太り過ぎてなくて、酸っぱいニオイがしないオヤジという点も大事なのではないかと」

予想外だった定期テストのプレッシャー

Wさんが担当したのは中学1~2年生の中くらいのレベルのクラスの英語。土曜日の夕方の16~19時までの2コマを受け持った。1コマ90分授業で、報酬は2000円だ。

「中学校の英語は基本レベルですから、教えるのは難しくなかった。ただ、板書内容や授業で使用する問題は予習が必要なので、授業以外に2時間くらい取られます。そうなると、実質の時給は1000円以下になるでしょうね。でも、おじさんを使ってくれるバイトはそんなにありませんから、納得はしていました」

土曜日にスーツに着替えて出かけるWさんを見て、家族は不思議に思わなかったのだろうか。

「妻も娘も、趣味や仕事、塾や部活に忙しいんですよ。私も土曜日は仕事のような顔をして出かけていました。もともと忙しい仕事でしたから、特に怪しまれることはなかったです」

Wさんは自分の英語力が生かせる点と、子どもたちの役に立てる点から、塾講師の仕事にやりがいを感じたという。ただ、教え子の定期テストの結果を気にし出すと、徐々に負担を感じるようになった。

「学校の定期テストは、教えた結果がダイレクトに出ます。もちろん点数が上がると、自分のモチベーションも上がりますが、次回はもっと上を目指さなくてはならず、さらにプレッシャーがかかる。テスト期間中は、ソワソワとして生きた心地がしませんでした」

Wさんは生徒たちの成績を上げるために、質問やフォローアップなども丁寧に対応してきた。

「正直、1コマ2000円は、このプレッシャーの対価として見合うのかなと思いました。子どもの役に立ちたいという気持ちだけでは成立しないなと」

こんな重たい仕事を、わざわざ副業でやるおじさんがいるのだろうか。

おじさんも見た目が9割

筆者は、子ども（小学生）をダシに、おじさんのアルバイトがいるかどうか、都内で名前の知られた中学受験塾の見学に行ってみた。

体験授業と説明会に参加してみたが、塾長ともう一人の算数講師以外におじさんはいない。どちらのおじさんも説明会でガッツリ話していたから、「バイトのおじさん」ではなさそう。あとの講師は20〜30代の若い人ばかり。明らかに若い雰囲気の講師は、どっかの有名大学のアルバイトだろう。副業アルバイトおじさんなんていない様子だ。

大手から小規模な塾まで、いくつかの学習塾で教室長や塾長を勤めてきたという、50代男性に話を聞いてみると、そのナゾが解けた。

「学習塾とひとくくりに言っても、小学生が通う中学受験塾と、中学生のための塾は別業種だと思った方がいいです。小学生が通う中学受験塾は、サラリーマンが副業アルバイトでできるような仕事ではありません。学習内容も大学受験より難しいくらいです。かなり勉強しないとできませんから、授業は社員や有名大出身の専任講師がやるケースが多い」

Wさんがアルバイトをしていたのは、中学生向けの補習塾のようなところだから、副業おじさんでも勤められたということか。この塾長によれば、中高年がアルバイトするなら、小中学生向けの補習塾か、個別指導塾のようなところがおすすめだという。

「特に個別指導塾は勉強が苦手なお子さんが通ってくるので、誰でもできると思います。個別指導は生徒3人を1人で見るような体制なので、講師もたくさん必要ですし、どこも人手不足で困っていますから。中高年男性でアルバイトしている方はちょこちょこいますね。本業をリタイアされた方もたまに来ます」

個別指導塾はここ10年くらいで急速に増えた業態だ。一つの教室をパーティションでいくつも仕切り、手元の小さなホワイトボードで、子どもの進度に合わせて個別に勉強を教えるスタイルである。

この塾長に、どのような人が塾講師に採用されやすいかも聞いてみた。

「出身大学がGMARCH（ジーマーチ。学習院大、明治大、青山学院大、立教大、中央大、法政大を指す）以上とか、そういう学歴は全然気にしていません。ハッキリ言って、採用の決め手になるのは見た目です！カワイイ、カッコイイ、清潔感は大事。汚い人は子どもに好かれませんから。もちろん中高年も同じ。フケが肩に溜まっているなんて言語道断です」

イケオジがハマる「ポイ活」

見た目はクリアし、塾講師のアルバイトをしてきたWさん。しかし、責任の重さに耐えられず、1年半ほど続けた塾のアルバイトを結局辞めてしまった。

今は在宅でできる翻訳の内職を始めたという。翻訳業者から送られてくる、英文で書かれた機械操作マニュアルや広告文などを、1単語2円で日本語に翻訳する仕事だ。やりがいも面白みもないが、塾のように拘束時間もなく、責任もないから気楽だという。

「実は今、一番ハマっている副業が、ポイ活なんです！」

ポイ活とは、「ポイント活動」のこと。お店で買い物をして貯めるポイントだけでなく、「モッピー」や「ハピタス」などのポイントサイトに登録し、口コミやレビューを書いたり、クレジットカードや証券口座を作ったりすることでポイントを貯めていくものだ。1ポイント1円の価値があり、ポイントは買い物やギフト券と交換できる。

先日もポイントを貯めるために、不動産業者が「今、家を売ったらいくらになるか」を査定するキャンペーンで、住宅査定士を家に呼んだ。査定を受けるだけで6000ポイントがもらえたという。もちろん家族には内緒だ。

「査定は無料で、家の中を全部見せました。もちろん家族がいない時間、私が一人でリモートワークしている平日の日中に呼んだんです。もし妻や娘の部屋へ知らない他人を入れたことがバレたら、殺されますよ（笑）」

Wさんは家族に内緒の副業を、楽しんでいるようだ。

責任を回避して、おいしいところだけ持っていくには、要領のよさも大事なんだろう。やっぱり、副業は愛人と似ている。

19 不動産会社の営業マンの楽しすぎる警備バイト

JOB
駐車場の警備員

東京圏限定だが、中高年男性、中でも大卒の中高年男性は、「過去1年以内に新しい友人や親しい知人を作ったか」という調査で、「まったくない」「ほとんどない」という人の割合が合計60％以上に上ることがわかっている（日本総合研究所、２０１９年3月に実施した「東京圏で働く高学歴中高年男性の意識と生活実態に関するアンケート調査結果（報告）」）。

さらに、「家と職場を除いた場所で、定期的に人と交流するために行く場所がない」という人はおよそ7割に上るという（同調査）。

上記の調査はコロナ前に実施されたものなので、コロナ後に更に孤独を深めているおじさんは多いと考えられる。

中高年に限らず、コロナ禍ではリモートワークが広がり、人とのコミュニケーションが減少、気持ちがふさいでしまう人が増えた。リモートワークをしながらも、オフィスに行きたくてしょうがないという人もいたようだ。

そんな中、自宅のパソコンにかじりつくのに飽き飽きし、交流を求めて副業バイトを始めてしまう中高年男性がけっこういた。

不動産会社に勤める関西在住のXさん（51）もその一人だ。

リモートワークに辟易したおじさんが注目した副業

Xさんは、西日本の有名大学を卒業後、大手ハウスメーカーに就職。富裕層向けの住宅販売を担当し、トップの成績を収めてきたという敏腕営業マンだ。10年ほど前に、中小の不動産会社に転職し、現在は営業部長を務めている。

「家が一番売れるのは夕方の時間帯。暗くなったら、売りたい家を部下にライトアップさせとくの。一戸建てでもマンションでも、ライトが当たると建物は二割増しに良く見える。その時間帯に落としにかかると、だいたい決まるのよ。お客さんの7割は『衝動買い』だから……」

ニヤニヤしながら、営業手法を話すXさん。関西人らしく話し好きで、ほがらかなXさんにとって、営業は天職のようだ。

Xさんにインタビューした当時はまだコロナ禍で、Xさんの会社はリモートワークが続いていた。コロナ前は部下や同僚とのコミュニケーション、および「飲みニケーション」を楽しんでいたXさんにとって、リモートワークは憂鬱な日々だった。

「出社するのは給料日の月1回のみ。家の中にジーっとしとっても、全然おもろない。カミさんにはうっとうしがられるし、趣味の釣りに出かける以外は外出も減って、運動不足になった」

そんなXさんが家のそばにあるテーマパークの「駐車場の警備員募集 土日勤務のみ」という張り紙に注目したのは、当然の成り行きだったのかもしれない。

Xさんが警備員という仕事について、パッと頭に浮かんだのは服装のことだった。

「ボク自身、自宅のすぐそばでヘルメットをかぶるのはちょっといややなーと思った。でもテーマパークの駐車場の警備員は、ヘルメットではなくキャップ帽をかぶっている。それならええかもしれんなーと」

Xさんは警備会社に電話をし、面接に出向いた。

誰でもなれそうな警備員の採用基準

警備員は中高年のアルバイトの代表格と言える。人手不足のため、中高年でも採用されやすいからだ。「警備業法」で定めるところによれば、心と体の健康に問題がなく、過去5年以内に前科のない人だとなれるようだ。

細かい採用基準は会社によって異なるが、とある警備会社の採用担当に聞いたところ、「70歳が定年なので、67歳くらいまでは採用可能。高血圧などの持病があっても、治療中の人ならば問題ない」という。

Xさんも、即採用だった。ただし正式に仕事に就くまでには、さまざまな書類の提出や研修が必要になる。これも警備会社によって内容は異なるが、Xさんの場合は主にこのようなものだった。

まず健康診断書。これには「精神疾患を患っていない」ということを証明する診断書も含まれる。内科でも書いてくれるそうだ。

「ボクも初めて知ったけど、警備員採用のための診断をやっている病院がけっこうあるのよ。診断書を書いてもらうのに1枚1500円取られたけどね」

地元の法務局にも行き、「成年後見人がいないことを証明する書類」「前科前歴が過去5年以内にないことを証明する書類」も用意した。

さらに、2日間で8時間ずつ、ビデオを見る座学の講習も受けたという。Xさんはこうした面倒な手続きを2週間ほどでクリアし、晴れてテーマパークの駐車場の警備員を務めることになった。

ゲーム感覚で仕事する中年男子

Xさんの勤めるテーマパークの駐車場は、1200台もの車が停められる広大な敷地だ。1年で最も来園者が多い桜の季節は、駐車場の警備員だけで50人以上が配置されるという。

Xさんたち警備員は、ゲートから入った来園者の車を、園の入り口に近い手前の駐車場から、奥まった駐車場まで、順番に埋めていくことが仕事だ。

各エリアに配置された警備員同士の連絡には、トランシーバーが使われる。まず入り口に立つ警備員が、「園前1台」という指令を出すと、入り口から一番近いエリアに配置された警備員が「西、1台了解」と返事をし、車を誘導する。この仕事はチームワークが欠かせない。

Xさんは、トランシーバーの操作や車の誘導にもすぐに慣れた。その後は、この仕事が楽しくて仕方がないという。

「開園直後の9～10時は、１２００台の車が一気に入ってくるから、もう戦場。でも慣れてくると、車の誘導はパズルみたいなもの。みんなで連携して空いている駐車場に車をどんどん当てはめていく作業が面白い。時間が過ぎるのがあっと言う間や」

閉園時間の17時になると、車が一斉に出ていく。ガランとした駐車場を見ると達成感があるという。

「その後は、臨時の警備員たちみんなでご飯を食べに行く。それがもう楽しくて」

臨時の警備員の年齢は30～40代の男性が多く、50代も少しいる。Xさんと同じように警備員は副業で、本業は役所系の仕事をしている人もいれば、工場で働く人、フリーターもいる。

「職業、年齢も違う人たちのいろいろな話が聞けて面白い。会社の人間と違って、競争や社内政治がなくて気楽な点もいい。学生時代のアルバイト仲間みたいやな」

本来なら本業の同僚とやるような付き合いが、副業にスライドしているのだ。

おじさん警備員がジーンとするドリンクの差し入れ

Xさんが副業に入るのは、真夏と真冬の閑散期を除く、来場者の多いシーズンの土日祝日の9〜17時。日当は8000円で、土日に毎週入れば、月7万円くらいの収入になる。

「過ごしやすい時期に仕事が入るから、大変さはない。立ち仕事なので足腰も鍛えられる。それに心温まる交流もあって、元気をもらってますわ」

来場者は小さな子どもを連れた家族連れがメインだ。Xさんたち警備員に、車の中からジュースを差し入れてくれたり、「お疲れ様です」「ありがとうございます」という声をかけられたり、来場者のちょっとした心遣いがうれしいという。

「年がいくと、そういうことがなければ、いろんな人と触れ合わないから。ささやかな幸せや」

駐車場にパトカーに追われている自動車が入ってくるハプニングもあった。Xさんたち警備員は、混乱を防ぐため、「いずれ出ていくから、出口で待ってください」とパトカーを先回りさせた。Xさんたちの予想通り、追われている車は出口で待ち伏せした警官に捕まった。

こうした日々の事件も、Xさんたち警備員の飲み会では、格好の話題になる。

「仕事の後に飲みながら、『今日はこんなお客さんがおったなー』なんて感じで、共通の話題で盛り上がる。だから普段は違う仕事をしている者同士でも、話題には事欠かない」

副業も結局は人間関係

Xさんが警備員の副業を始めて2年が経った。本業でリモートワークが続くXさんにとって、副業は生活の一部になっている。

もちろん、リモートワークが寂しいからといって副業を探しても、Xさんのように友だちができるとは限らない。副業バイトを始めたものの、途中で辞めてしまったという中高年男性に辞めた理由を聞くと、「結局は人間関係」と答える人が多い。

「年下の社員がえらそうに命令してくるのがイヤだった」

「アルバイト先に変な人が多くて、居心地が悪かった」

人生経験が豊富なおじさんでも、ちょっとした人間関係でつまずくと、副業を投げ出してしまう。

副業の明暗を分けるのは、仕事の内容もさることながら、気の合う人に出会えるかどうかも重要なポイントになるようだ。

内閣府の調査では、テレワークのメリットとして経験者の40％以上が、「職場の人間関係のストレスが軽減される」と答えているという。面倒くさい人間関係が避けられるリモートワークを、歓迎する人が多いことも事実だ。

やはり本業でも副業でも、対面でもリモートでも、寂しくもなく対人ストレスもない「ちょうどいい人間関係」を築くことは簡単ではない。

20 紳士服業界の営業マンがスーツを脱ぎ捨て居酒屋で週末バイト

JOB
皿洗い

4月最初の土曜日、東京都内のとある居酒屋は花見を楽しんだ人たちで賑わっていた。その店の奥の油まみれの厨房で、エプロンを着け、グラスや皿を手際よく洗う一人の中高年男性の姿があった。

居酒屋でアルバイトしているのはYさん（59）。平日は紳士服関連の卸売会社の営業マンをしている。もうすぐ還暦を迎えるとは思えないほど若々しく、どことなくトレンディドラマ時代の石田純一に似ている爽やかなおじさまだ。

Yさんが勤めているのは、海外や国内で買い付けたネクタイなどの紳士用服飾雑貨を大手デパートなどへ卸す会社だ。創業50年以上の老舗だという。

「わが社で扱っている商品はブランド品ではありませんが、素材やデザインにこだわりのある、ワンランク上のネクタイです。一番安いものでも1本1万円はします」

そんなYさんが週末にアルバイトを始めた理由は、コロナだった。

紳士服はコロナで大打撃を受けた業界の一つだ。リモートワークが広がり、スーツの需要が激減。当然、Yさんの会社が扱う商品の売り上げも大幅に落ち込んだ。

２０２０年4月に初めての緊急事態宣言が出された時、まだ社内の雰囲気は楽観的だった。

「当時は、コロナがあんなに長く続くとは考えていませんでした。どうせ一時的なものだろう、いずれ元に戻ると思っていました」

宣言中はYさんの会社もリモートワークになったものの、「デパートが再開したら、このような商品が欲しい」といった発注はあり、オンラインで買い付けを行っていた。しかし、国内初の緊急事態宣言が明けても、事態は好転しなかった。

日本百貨店協会によると、２０２０年7月期の紳士服の売り上げは、前年と比べて30％近くも落ち込んでいる。そもそも２０１０年ごろからスーツ離れが徐々に進行していた矢先に、コロナが追い打ちをかけた。現在、紳士服業界そのものが岐路に立たされている。

40年ぶりの飲食バイトで目にしたもの

宣言が明けた直後の夏、Yさんの会社は社員に対して堂々と「副業解禁」を宣言した。Yさんは勤続37年になるが、その間に副業の経験は一度もない。

「私は独身ですから、給料が下がってもなんとか暮らしていくことはできます。でも、先のことを考えると、どうにかしなくてはと思いました」

Yさんはその夏から、すぐに副業を始めた。選んだのは、学生時代に経験のある飲食店でのアルバイトだった。

「久しぶりに会社以外の仕事に就きましたが、一度経験があるとすんなり入れるものです。普段から料理や洗い物も自分でやっていますから、あまりブランクを感じませんでしたね」

Yさんが飲食店のアルバイトに入るのは、週末の土曜日のみ。最近の飲食店では、「スポット」と呼ばれる1日のみの単発アルバイトでも入ることができる。スマホの求人アプリで「本日のキッチン」というような募集が出ると、そこに応募するのだ。Yさんは特定の店ではなく、毎週その都度いろんな店に応募し、1日だけの「助っ人」として働くことにした。

「同じ店で働き続けると、人間関係が面倒くさいんです。いろんなお店に入ったほうが、ストレスがなくていい」

Yさんのように単発で働くスタッフに任されるのは、食べ終えた食器の片付けと皿洗いのみという場合が多い。注文を取る仕事は1日でメニューが覚えられないし、1日だけのスタッフにレジ対応などお金の管理を任せることはない。それでも土曜日の夜は、働き手が少ないうえに、店にとっては一番忙しい日でもあるから、仕事に困ることはほとんどないという。

久しぶりの飲食店の仕事、Yさんが若き日にアルバイトをしていた40年前と比べると、少なからず変化も見られた。

「注文を取るのに、昔は暗記が普通でした。今は小さな店でも電子端末で注文を取ることが多いですよね。それから、支払い方法もカードやキャッシュレスなど多様になりました。あれは私には対応が難しい（笑）」

そして一番大きな変化を感じたのは、働き手だという。

「昔は居酒屋のキッチンと言えば、学生がメインのバイトでした。特に、私のような中高年の男性が居酒屋のキッチンで働く光景は、40年前は見たことがありません。中年の男性と言えば、店長ぐらいでしたから。最近は若い人が減って、留学生や中高年が増えていますね」

誰にでもできるわけではなかった飲食バイト

中高年男性が副業として取り組めるアルバイトは、それほど種類が多くない。まして、月に数回しか入れないとなると、さらに選択肢は狭まる。その中で、居酒屋の単発バイトはメリットが多いように感じる。

まず大都市圏の場合、居酒屋は駅から近い。単発バイトの求人は物流倉庫や食品工場などが多いが、これらの仕事は郊外の駅から遠い場所にあり、交通の便が悪いのだ。

しかし、居酒屋の多くは駅チカだ。電車で行けば、道に迷うこともほとんどない。時給も1000円以上、ターミナル駅周辺だと1300〜1400円と高時給で（東京都内の場合）、給料が封筒入りの現金でその場で渡されることも多い。

ただし、Yさんのような経験者でなければ採用は難しい。実際に筆者も単発の飲食バイトにいくつか申し込んでみたが、「経験者ではない」という理由でいずれも断られた。

一見単純そうに見える飲食の仕事だが、「ドリンクを作れる」「トレンチにドリンクを載せて運んだことがある」といった経験がまるでないと、初心者は取り合ってもらえない。チェーン店にはマニュアルがあり、それに従えば誰でもできそうだが、ズブの素人が入ると、慣れるまでに最低1カ月はかかるという。

Yさんのような経験者は、初めての現場でも「1教えてもらえば、10のことはできる」と言われる。それだけ、経験は大きな「強み」になるのだろう。

とある飲食店の店長に聞いたところ、中高年のサービス業経験者は、若い人より頼りになる存在だという。

「学生のアルバイトは、社会人の礼儀から教えなければいけないから大変です。飲み物の置き方をお客様に注意されただけで、舌打ちするような子もいますからね。その点、社会人としてのマナーがしっかりしている中高年は安心して任せられます。ただし採用できるのは、笑顔や元気な返事ができる経験者に限りますが……」

本業の年収は500万円から300万円に激減

Yさんのバイトでの副収入は月2万〜3万円ほど。これを老後資金のために毎月、投資信託に回しているという。投資はコロナ後に始めた。

「それまでは、ある程度の貯金をするだけで、老後の準備について特に考えていませんでした。私の会社は65歳が定年ですが、小さい会社ですから、その後も少しは働かせてもらえるだろうと考えていたのです。でもこのままでは、会社がどこまで持つかもわかりません」

コロナ後に、Yさんの本業の年収は500万円から300万円に激減した。月給は変わらない代わりに、ボーナスが徐々に減っていった。追い打ちをかけるように社会保険料が値上がりしているので、手取りはみるみる減っている。

「私の会社の社員の多くは40～50代の働き盛り。社員同士で副業について語り合うことはありませんが、みんな何かしらの副業をしていると思います」

現在のところ、社内でリストラは行われていないが、この先どうなるかは誰にもわからない。

Yさんに老後をどのように過ごしたいのかについても聞いてみた。

「仕事がなくなると、人と交わる機会もなくなります。できればボランティアなど、人と触れ合いながら、人の役に立てることができればいいのですが。病気や認知症など、一人では生きていけない状況になるのは不安です」

そうなると、やはり「先立つものはお金」ということになるだろう。

中高年男性が貧困より恐れているもの

週に1度とはいえ、飲食店はハードな仕事だ。体に負担はないのかと聞くと、「居酒屋のバイトは夕方の17〜23時ごろまでと一日中働くわけではありません。それに、本業はほとんどリモートワークですから、アルバイトは運動不足が解消されていい」という。

また独身のYさんにとって、リモートワークが増えてからは、アルバイトはいい気晴らしになっている。

「コロナ前は週末に友人と飲みに行くことも多かったのですが、今はそれもなくなりました。こういう時は家でじっとしているよりも、体を動かしているほうが楽です」

Yさんはアルバイトを選ぶ時、郊外にある暇そうなお店より、都心にある賑やかで忙しそうなお店を選んでいる。暇なお店だと手持ち無沙汰で、時間の経過が長く感じられるからだという。

人間関係のしがらみを避けながら、やっぱり人と関わりたいと考えているYさん。どこか寂し気な笑顔を浮かべる彼と話をしながら、「中高年男性が一番恐れているのは、やはりお金がないことより、孤独かもしれない」と感じた。

21 マイナス20度の冷凍倉庫で11年間副業を続ける50歳

JOB
冷凍倉庫

今、六割以上の親が「子どもの学力や学歴は教育費次第で決まる」と回答している（ソニー生命「子どもの教育資金に関する調査2023」）。また、文部科学省の調査によると、小学校から高校までの子どもを持つ家庭では、塾代や習い事などの学校外活動の支出は増加の一途をたどっている。

金がなければ戦争はできない。受験戦争もまた然り。

では、教育費が捻出できない家庭はどうなるのか。地方都市ではしばしば、子どもの将来のために副業をする父親に出会う。

「副業を始めた頃は二人の子どもが小学生で、塾や習字・ピアノ・スイミングなど、いろいろな習い事をさせていました。月に6万～8万円はかかっていたと思います」

こう話すのは、サラリーマンのかたわら夜の冷凍倉庫で副業をするZさん（50）。関西地方に住むZさんの本業は、プラスチック樹脂を加工する従業員数20名ほどの製造業の営業マンだ。

「当時の年収は400万円くらいでした。住宅ローンは65歳までかかる。子どもたちの今後も考えたら、もっと稼がなければいけないと思い副業を始めたんです」

Zさんは本業が終わった後に週4日、冷凍倉庫に通い、月5万～10万円ほどの副収入を得てきた。

「冷凍倉庫の夜勤バイトは11年やっています。庫内はマイナス20度、メチャクチャ寒いです」

Zさんはこのバイトを新聞のチラシで見つけた。

「家から近かったことと、始業時間に融通が利く点から選びました。運動不足解消にもなるかと」

とはいえ、マイナス20度に11年は苛烈だ。氷点下はどんな労働環境なのだろう。

筆者が実際に体験したマイナス20度の冷凍倉庫

筆者は、求人サイトで見つけた「冷凍倉庫のピッキング作業 職場見学」に応募してみた。「深夜帯は時給1700円」とある。

人が集まらないのか、アルバイトで見学会の実施は珍しい。倉庫作業で1700円は高時給だ。報酬の高さが現場の過酷さを物語っている。

場所は関東地方の工業団地。平日の日中にもかかわらず、職場見学には中高年の男女4人が参加していた。

色白の中年女性の本業は介護職だという。夜のコンビニでもバイトしていて「時給1700円なら、来週からでも入りたい」と話していた。60代の男性は自営業。日焼けした顔は建設関係だろうか。

「時給1700円だろぉ。週4で入れば週5万円。やるっきゃないよう！」

腕を回し意気込んでいる。「すぐにでもお金が必要」という人が取り組むアルバイトのようだ。

見学者に貸与された防寒着は、フードが付いた、内側がフワフワしたゆったりめのドカジャン風で、同じ仕様のズボンもある。

覚悟を決めて庫内に入ったが、感想は「そうでもない」。一瞬でまつげが凍るようなことはなく、ヒンヤリとした冷気が顔にかかるだけだった。

「これでマイナス20度です。寒さの感じ方はかなり個人差があります。一番寒さを感じるのは顔ですが、足元が冷えるという人もいますね」

倉庫の社員は、寒さで白く曇ったメガネを外しながら説明した。

働いている人は防寒着のフードを深めにかぶり、マスクやマフラーで口を覆い、目だけ出している。男性も女性もいて、年齢も20代から60代くらいまでと幅広い。

ダンボールに入った食品の仕分けで、それぞれバーコードを当てる作業、ダンボールを積んだカートを押す作業などを行っている。

ものの10分で見学は終了。その日の最高気温は27度だったので、外に出た瞬間は、飛行機で常夏の国に降り立ったような感じを受けた。

寒すぎて皮膚が裂ける

Zさんに冷凍倉庫の見学のことを話したら、彼は笑ってこう言った。

「10分くらいなら耐えられますよ。本当に我慢できなくなるのは1時間後。寒さが顔から全身に伝わっていくんです。刺すような寒さでいられなくなる。ずっと入っていたら死んでしまうでしょう」

Zさんが副業する冷凍倉庫は、大手食品会社のグループ会社で、外食産業や介護施設などに届ける食材の配送センターのようなところだ。

勤務時間は19〜23時。本業後は家に帰らず、スーツ姿のまま冷凍倉庫に出勤し、作業用の防寒着に着替える。

「服の下にヒートテックを2〜3枚着て、さらに服の上から防寒着を着用します。軍手と毛糸の帽子、ネックウォーマーは必須。長靴にホカロンを入れている人もいますね」

Zさんたちの仕事は、冷凍されたカチカチの野菜や肉の塊、タレやスープなどをそれぞれの配送先に振り分ける作業。食材によって冷凍の温度も違い、一番寒い冷凍庫はマイナス26度だ。

「冷凍された食材は重たく、1個あたり5〜6キロあります。筋肉を付けようとプロテインを飲みながらやっている人もいました」

運ぶ時はカートを使用するが、棚から食材を下ろす時や、カートが使えない狭いスペースでは手で運ぶ。

「寒さで通常よりも膝や腰にも負担がかかりやすい。休憩時に外に出て体力を回復させ、再び冷凍庫へ戻ります」

最も過酷な季節は、やはり夏より冬だ。

「2月になると爪の両側の皮膚が裂けてしまうんです。寒さと乾燥でおかしくなるんでしょうね。親指・中指・小指と順番に裂けてものすごく痛いんです」

昼間はホワイトカラーで、夜はブルーカラー

寒さに耐えられず、Zさんと一緒に入った30人のうち10人がすぐに辞めていった。その一方で、Zさんと同じ中高年男性は長く続ける人が多かったという。

「夜勤は40代男性がメインで、50~60代も少しいた。中高年は子どもの教育費を稼ぐ人たちでした。昼間はホワイトカラーで、夜はブルーカラー。オセロみたいですね」

Zさんが住むのは郊外のニュータウン。教育熱心な家庭が多く、子どもは幼稚園に入ると一斉に習い事、小学校からは塾や公文が当たり前という環境だった。乗り遅れてはいけないと、

Zさんのお宅も教育にはお金をかけていた。

「今の子は大変ですよね。周りがみんなやっているから、ウチの子もやらざるを得ない」

ダブルワークの父親の中には、突然死した人もいた。

「僕と同じように昼は別の仕事をして、副業で、冷凍倉庫で働いていた人です。朝、布団の中で冷たくなっていたと聞きました。冷凍倉庫の作業が直接の原因なのかはわかりませんが、過労だったのではないですかね。50代の人でした」

冷凍倉庫には愉しみもあった。

「賞味期限が切れたうどんやパン、カレーなどをもらえるんです。でもコストコ並みの大容量なので、すぐに消費しなければいけないのですが（笑）」

それにしても11年は長い。

「ここまで続けてこられたのは、同じ境遇の仲間がいたからです。父親同士で休憩時間に『子どもにこんな習い事をさせている』『こんな私立の中学に入れたい』なんて話をして。ママ友ではなく、パパ友ですね」

Zさんの苦労の甲斐もあり、この春、上の息子は第1志望の公立大学に入学した。次は二番目の子どもの大学受験が控えている。

父親の副業を知らない息子たち

11年経ち「パパ友」も一人また一人と冷凍倉庫を卒業していった。ここ5年ほどは倉庫で働く人も、ベトナムやスリランカなどの外国籍の人が増えている。

Zさんも次第に副業に入る回数が減っているという。

「副業がない日は、むしろ時間が余り過ぎてどうしようという感じです。妻は仕事、息子は部活やバイト、本業が定時で終わると家でポツンですよ。仕方がないので、洗濯ものを畳んだり、ご飯作ったりして家族の帰りを待っています」

11年も副業をしてきた父に、さぞ子どもたちは感謝しているだろうと思いきや、彼らは父の副業を知らない。

「ホワイトカラーの父親が、夜の冷凍倉庫で働く姿はカッコ悪くて話せない。妻は知っていますが、子どもたちは残業で帰りが遅かったと思っているでしょう」

この国の父親は、周囲に苦労を見せないのが美学だと思っている。でもね、そこは子どもたちにお父さんの苦労を伝えましょうよ。それも彼らには何より大切な「学び」です。

第6章

セカンドステージ

副業探しに迷いながらも、どこかで「答え」のようなものを見つけている人がいる。彼らに共通するのは、３～４つ以上のさまざまな副業を経験していることだ。どんな仕事が自分に合うのか、何が自分を夢中にさせるかは、仕事を渡り歩くことで見えてくるのかもしれない。

こうした「実験」を繰り返せることが副業のいいところでもある。失敗してもいい。困難を味方にして冒険を楽しめる人が、１００年時代の勝者になるのではないか。

22 こういうおじさんが案外生き残る？

JOB

レンタカー清掃

おじさんにインタビューをしていると、「どんな人が変化の激しい時代に生き残れそうか」がなんとなく見えてくる。

自分の企業名や肩書にこだわりがある人は、いつまでも現状にしがみつきそうだし、上を目指そうと努力を重ねている人も、根本は同じだ。それに対し、こだわりの少ない、鈍感で無神経な人は、セカンドステージでもサバイバルしていく気がする。

以下、筆者の独断と偏見だが、これまでにお話を聞いたおじさんたちを参考に考案した「おじさん度」の基準をご紹介しよう。

【おじさん度5】

服装、顔つき、発言に至るまで、すべてが「ザ・おじさん」。何かと上から目線が多く、柔軟性にも乏しく、老人街道を突っ走っている。

【おじさん度4】

自らを「おじさん」と呼び、自虐が多く、哀愁が漂いまくる。人柄はいいが、将来を悲観的に見ており、それが本人を急速に老化させている。夢や理想を語っても、すべてが漠然としている。


【おじさん度3】

「リア充」アピールが激しく、おじさん色を払拭しようと必死になっている。成功欲が異常に強く、新しいことにもイヤミなくらいに食らいつく。アンテナを張り過ぎて、空回りすることも多い。


【おじさん度2】

もともと自由度の高い業界にいる。発言や考え方は独特のユルさがあり、新しいことにも無防備にチャレンジする。詰めの甘さも見られるが、うらやましいくらいの鈍感さで対処している。


【おじさん度1】

職業・年齢不詳の変わり者。「社会の変化に柔軟に対応」というより、周囲をドン引きさせる破壊力あり。ただ、発言や行動は「案外フツーだな」と思う人も多い。

これまでインタビューした中高年男性を振り返ってみても、おじさん度が低い人ほど、副業などにも柔軟に対応している印象だ。あくまで印象に過ぎないが。

おじさん度4と3が中高年サラリーマンのボリュームゾーン。おじさん度1と5はめったにいない。

都内在住でユルさが売りのAAさん（55）はおじさん度2。彼は今、第二の人生に向けて起業しようとしている。それもドローンの会社なのだという。

堀ちえみに憧れたバブル組の今

AAさんは、都内にあるコンサートなどのイベントで電飾の機材を設営・搬入する会社に勤めている。コロナ禍では多くのイベントが中止になり、AAさんは会社から給料の減額を言い渡された。年収は、700万円から600万円にまで落ち込んだという。

「小さい会社だから、社長を除くと私は上から2番目に給料が高い。住宅ローンは65歳まであるのに、60歳を過ぎたら嘱託扱いになるから、もっと給料が下がっちゃう。定年までに何とかしなきゃいけないなと思って、今動いているんだよね」

もともとアイドルの堀ちえみや石川秀美の大ファンで、「芸能人に会えるかも」と今の会社にアルバイトで入った。そして、働きながら技術を習得し、いつの間にか社員に昇格。現在は現場の総指揮や若手の育成を担うゼネラルマネージャーという立場だ。

それにしても、なぜドローンなのか。

実は、これまでにイベント会場でドローンが飛んでいる様子は何度か見てきたが、それを仕事にしようと思ったことはなかった。そのＡＡさんがドローンで起業しようと思いついたのは、少し前に、自宅近くにドローンスクールがオープンしたことがきっかけだ。

「ドローンの看板を見た時に、なんとなくドローンについて調べてみたの。そうしたら撮影以外に農薬の散布や測量など、いろんな用途があることがわかって。ドローンが使えたら、いろんな仕事を引き受けるビジネスができるんじゃないかと思ったんだよね」

最近まで、ドローンを飛ばすには主に場所の規制があるだけで、ドローンの所有や操作に対する規制はなかった。

それが、２０２２年６月から１００グラム以上のドローンは国土交通省に機体登録が義務づけられるようになった。さらに「レベル４」と呼ばれる高度なドローン操作は、国が操縦ライセンスを創設した。

ＡＡさんは「国家資格が普及する前に、ドローンが操縦できるようになれば有利なんじゃないか」と思ったそうだ。

意気揚々と話すＡＡさんに、これまでドローンを扱った経験があるのかと聞いてみると、「初めてドローンを触ったのはつい先月」とのこと。30万円を払ってドローンスクールに通い始めたＡＡさんは、さらに10万円ほどかけて小型ドローンを２台購入した。

そして、ＡＡさんは起業資金を稼ぐため、夜のレンタカー店で副業を始めたのだ。

ＡＡさんが始めた「セラピストの送迎」

「ドローンで仕事をやろうとしたら、設備投資に最低でも１００万円くらいかかる。東京都に助成金の申請もしていているけど、申請が通るかどうかもわからないし、まずは初期費用として１５０万円は貯めたいと思っている」

レンタカー店の副業は時給１１００円で、19時頃から４時間ほど働く。ここでは縦列駐車が得意な、運転慣れしている人が求められる。ＡＡさんは普段、車で通勤しているため即採用になった。

仕事内容は戻って来た車の掃除と点検、車庫への移動だ。担当するのは男性のアルバイト。若い人もいるが、半分は40～50代の中高年男性だ。ただ、きつい仕事のため、入れ替わりが激しく、同じ人に会うことはほとんどない。

「戻って来た車を、一人10台以上掃除する。車内の床を拭いたり、掃除機をかけたり、かがんでやる作業が多いから、腰に負担がきて大変。車体を拭く作業まですると、汗だくになるよ」

レンタカー整備が肉体的に厳しいと感じたＡＡさんは、「クラブホステスの送迎」と「セラピストの送迎」の副業も始めた。

ホステスの送迎はクラブ閉店後、自家用車で2〜3人のホステスを自宅まで送り届ける仕事で1回４０００円。セラピストの送迎は、マッサージを行う女性をお客さんの自宅まで送る仕事で、１時間１０００円で1日5時間ほど稼働する。

「ホステスの送迎はライバル同士が同乗しているから、車内の雰囲気がもうバチバチ。セラピストは一人しか乗せないいし、感じのいい人が多いから気楽だよ。セラピストって何かって？採用時の説明では頑なに『風俗ではない！』って言っていたけど、乗せているのは全員女性だからね（笑）」

夢見るＡＡさんは、今夜も夜の副業に精を出す。

ニブさとユルさで１００年時代を生き抜け

起業に関するある調査では、50歳以上の中高年のおよそ28％が「起業に関心がある」と述べた。さらに、そのうちのおよそ3割が「3年以内に起業したい」と話している。

しかし、素人のＡＡさんが、本当にドローンの会社など作れるのだろうか。ネットを見ると個人でドローンの仕事を引き受けている人は、掃いて捨てるほど出てくる。

すでにドローンを使って撮影の副業をしているという30代の男性に話を聞いたところ、こんな回答だった。

「私の場合、ドローンで得られる年間収入はせいぜい30万円程度。会社を作っても、そこまで収益が得られるとは思えません。そもそも最近のドローンは性能が非常に良く、10時間くらい動かせば、誰でも車の運転レベルに達します。もし農薬散布や測量の分野で仕事をするとしても、現場の人が訓練すればいいだけの話なので、わざわざ外注するでしょうか」

この30代男性の知人にも、ドローンの会社を立ち上げた中高年がいたが、仕事が少なくて数年後には倒産したという。

そもそもAAさんは一生懸命ドローンの練習をしているが、なかなか上達しないようだ。

「まだドローンが怖いんだよね。車と違って宙に浮いているから感覚がつかみにくい。回転すると、いきなり操作が逆になるから」

せっかくお金をかけてドローンスクールに通い、ドローンを購入しても、徒労に終わるかもしれない。でも、「何かしたいけれど行動に移せない」という中高年も多い中、たとえ思いつきでも動き出したAAさんのバイタリティは素晴らしいとも思う。

ベストセラーになった『LIFE SHIFT（ライフ・シフト）』には、これからの人生には「実験」が必要だとある。

「実験を通じて、なにが自分にとってうまくいくのか、（中略）なにが自分という人間と共鳴するのかを知る必要がある」（『LIFE SHIFT』）

実験には失敗がつきものだ。そこでいちいち心が折れていては、100年も生きていられない。AAさんなら、たとえドローンがうまくいかなくても、クラブホステスやセラピストの送迎を楽しんで続けるのではないか。100年時代のおじさんは、それくらいのニブさとユルさも必要だ。

AAさんのドローン計画が無事に大空へ飛んでいくのか、今後の報告を待ちたい。

23

原発の警備員として働く61歳が巡り会った理想の副業

JOB
放課後等デイサービスの児童指導員

とある地方都市の原発で10年以上警備の仕事をしているＢＢさん（61）は、本業のかたわら副業もしている。原発と副業。意外な組み合わせと思うかもしれないが、ＢＢさんが働く会社では、ほとんどの人が副業をしているという。

ＢＢさんはもともと、地元の国立大学の教育学部で美術の教職課程を専攻していた。

「高校時代の美術の先生が、教職のかたわら創作活動も行っていて『あんなふうになりたいな』と思っていました」

ＢＢさんは教員にはならなかったが、卒業後は地元の印刷会社に就職し、デザイナーとして地元企業のパンフレットやチラシ、広告などをデザインしていた。中でも地元のパチンコ屋の仕事は単価が高く、羽振りのいい時期のＢＢさんの年収は、地元の公務員並みの４５０万円くらいだった。

しかし、上客のパチンコ屋が倒産し、ＢＢさんが勤める印刷会社も赤字を抱えた。加えて、インターネットの普及で印刷の需要は激減する。リーマンショックの直後、ＢＢさんの年収は２００万円くらいまで落ち込んだ。ちょうどＢＢさんの娘たちが大学進学を予定していたころだった。

BBさんが知人に窮状を訴えたところ、生活の安定のために原発で働くように勧められた。原発はBBさんの住む市街地から、およそ20キロ離れた場所にある。

「勤めていた印刷会社で発行していたフリーペーパーは、原発が大口のスポンサーでした。原発で働く人を取り上げる記事広告を何度も作ったことがあります。ただ、自分が原発で働くことになるとは思ってもいませんでした」

BBさんは30年勤めたデザイナーの仕事を辞め、地元の原発の警備を請け負っている会社に転職した。BBさんが50歳になる直前のことだった。

毎日のように目撃した原発に潜り込む〝不審者〟

国内にある原発の多くがそうであるように、BBさんの町の原発も海と山に囲まれた自然の中にある。

BBさんの原発での主な仕事は、敷地の外に取り付けられた監視カメラで、外部から不審者が侵入しないかを見張ることだ。

ただ、実際には不審者が入ってくることはない。主な監視対象となるのは、もともと原発が建てられた一帯を住処《すみか》としているタヌキ、キツネ、イノシシ、クマ、ハクビシンなどの野生動物である。

「クマは手の肉球がぶ厚いのか、電流が流れる柵を乗り越えて敷地内に入ってきてしまうんです。彼らはやがて出ていきますが、私たちはクマが外に出ていくまで監視しなければいけなくて」

クマの活動期となる春先は、毎日のようにクマが入って来る。すると、真夜中でも原発内の上層部が緊急会議を開き、大騒ぎになるのだそうだ。

ＢＢさんが原発で働き始めた半年後、遠く離れた福島で東日本大震災に伴う福島第一原発の事故が起こった。自分が働く場所の恐ろしさを、改めて感じなかったのだろうか。

「安全ですか？　そもそも原発の町に住んでいますから、特別恐ろしいと思うことはありません。家にいようが、原発の中にいようが同じこと。地元に原発があるというのはそういうことです」

原発が危険と隣り合わせの場所であることは疑いようがない。それでも、原発と共に生きている人の感想はこのようなものなのだ。

むしろ、ＢＢさんが原発の仕事を大変だと感じたのは、勤務体制だった。

「一番キツいのは、一日中ずっと原発内に留まらなければいけないこと。一度出勤すると、24時間は家に帰れないんです。勤務が終わるまで食事も仮眠もすべて原発内で済ませなければいけない。ここにいる人たちと共同生活しているようなものです。人間関係がこじれて辞める人が一番多い」

原発の警備員の合間に副業する人々

ＢＢさんの原発での勤務はこうだ。たとえば、１日目の朝8時から24時間勤務に入ると、自宅に戻るのは2日目の朝8時に勤務が終了した後で、そのまま2日目と3日目は休みとなる。

これで年収は３５０万円程度だという。地元では安定している仕事とはいえ、安全の対価としては安過ぎるのではないか。それもあるのか、ＢＢさんの会社のほとんどの人が、この２日目と3日目の空いた時間を使って副業をし、収入の不足を補っている。

ＢＢさんも少しでも収入を増やすために、さまざまな副業を始めた。

水耕栽培の野菜工場でひたすら種を置く作業、魚屋でタイムセールの呼び込み、サービスエリアのレジ担当、介護施設の夜勤、全寮制の高校の夜警など、これまでに十ほどの副業を経験してきた。

「初めは収入を増やすための副業でした。でも、そのうち副業にやりがいを求めるようになっていったんです。原発の仕事はあくまで収入のため、副業では自分が楽しめる仕事ができないかと」

ＢＢさんは、美術やデザインのスキルが生かせる副業を探した。私立高校の美術の非常勤講師を勤めたこともある。ただ、その高校は少子化で数名の生徒しか集まらず、ＢＢさんが１年間講師を務めた後に、生徒募集を止めてしまった。
原発で働き始めて7年――BBさんがハローワークでたまたま見つけたのが「放課後等デイサービス」の児童指導員という仕事だった。

児童指導員でフルに生きたBBさんのスキル

放課後等デイサービスとは、障害を持つ小学生から高校生が放課後に通う学童保育のようなところだ。公的補助を受けて民間の事業者が運営する福祉サービスで、２０１２年に制度が始まって以来、各地で急速に広がっている。

ここでは保育士や看護師、教員免許を持っている人が歓迎される。

BBさんが働く放課後等デイサービスは時給１０５０円。発達障害や知的障害を抱える子どもが20人ほど通っている。BBさんは原発に出勤しない日の午後に、ここで3時間ほど働くようになった。

BBさんが放課後等デイサービスに入ったばかりのころ、一人の子が興味深そうにBBさんに近づいてきた。

「ねえ、エヴァの初号機、かいて」

BBさんは『エヴァンゲリオン』というアニメがあることは知っていたが、「初号機」が何なのかは知らなかった。すぐにスマートフォンで検索して調べる。

「初号機」を描くのは、デザインが専門のBBさんでも複雑で難しかった。それでもBBさんは老眼では見えづらい細部まで再現し、リクエストに応えた。鉛筆描きのイラストを渡すとその子は、うれしそうに「先生、神!!」と叫んだ。

「それからはポケモンやドラゴンボール、鬼滅の刃……アニメのキャラクターをせがまれるままに描くようになりました」

BBさんがコピー用紙に描いたイラストをダンボールに貼りつけてフィギュアのようにし、大事に持って帰る子もいた。BBさんはお絵描きや工作が得意な先生として、子どもたちと関わることになったのだ。

真っすぐに生きる男のプライド

放課後等デイサービスに行く日、BBさんは14時に出勤し、デイサービスの車で近隣の小学校へ数名の子どもたちを迎えに行く。放課後等デイサービスは、閉店したコンビニエンスストアをリフォームした場所に作られている。

BBさんたち児童指導員の仕事は、子どもの宿題を見て、一緒に遊び、話を聞いてあげることだ。もちろん、障害を抱える子どもたちが相手なので、難しい部分もある。

「薬を飲んでいる子がね、『自分はこの薬、一生飲み続けなきゃいけないのかな』なんてぽつりとつぶやいたりするんです。自分は他の人と違って、治らない何かを抱えている。子どもながらにそれを悩んでいるみたいでね」

発達障害の子は、見た目は普通の子どもと変わらないが、集団行動やコミュニケーションが苦手な子が多い。学校では周りに合わせて無理をし、家庭では親の期待に応えられず引け目を感じ、デイサービスではそれを発散するように荒れている子もいる。

「デイサービスにいる時は、できるだけノビノビと過ごさせてあげたい。屈折している子もいますが、ここがはけ口になればいいんです。もちろん、発散するうちに心を開いて、表情が穏やかになっていくこともあります。そういう姿を見るとうれしいですよ」

デイサービスで働き始めて3年。子どもを気遣うBBさんの発言はすっかり、デイサービスの児童指導員になっている。

「景気が悪くならなければ、一生デザイナーをやっていたのかもしれない。でも、こういう人生になって、いろんな仕事を体験し、新しい出会いや発見もあった。転職や副業も悪くないと思っています」

BBさんは原発の警備と放課後等デイサービスの仕事を、65歳まで続ける予定だという。気負いもなく、卑屈になる様子もなく、ひょうひょうと語るBBさん。彼の中にあるのは、あきらめや妥協ではなく、真っすぐに生きる男のプライドのような気がした。

24 元自衛官が4回転職した末にたどり着いたのは……

JOB
コンビニ店員

セカンドステージで戸惑うのは、民間企業で働く人ばかりではない。

国家公務員である自衛官は、民間企業や一般の公務員よりも早く54〜57歳で定年を迎える。年金の受給が開始されるのはまだ先なので、次の仕事を見つけなくてはいけない。

新卒から定年までずっと自衛隊で働いてきた人の場合、その年月は30年以上になる。30年自衛隊にいた中高年男性が再就職をしようとしても、あまりいい仕事はなく、転職を繰り返す人が多いという。

東海地方在住のCCさん（61）も、56歳の時に自衛隊を退職し、苦労した一人だ。

「私は20歳の頃からずっと自衛隊です。やりたい仕事だったわけではなく、『安定しているから』と親に勧められました。変なことをしない限り、給料とボーナスが自然に上がっていく環境。そんな自分が退職後に世間に出て、大変な目に遭いました」

CCさんは航空自衛隊で管制官などの現場を経て、30歳以降は事務方の仕事にあたってきた。安定した職を律儀に勤め上げた人は、退職後も「安定して給料がもらえる」ことを仕事に求めがちだ。しかし、それが大きな落とし穴になることもある。

３０００万円の退職金を手にしたが……

　ＣＣさんが最初に就いたのは、退職時に防衛省の外部組織から紹介されたという土木関係の会社。月給は25万円、ボーナス年50万円。給料に惹かれたものの、肉体労働に疲弊し半年で辞めてしまう。

　次は、ハローワークで見つけたタクシーの運転手で月収20万円、ボーナスは年10万円。方向音痴のＣＣさんには向いておらず、１年で終了。次は建設現場の資材を製造する工場で月収20万円。やはり肉体労働がキツくて１年ほどで辞める。

「職場を移るごとに、労働条件はどんどん悪くなっていきました。そのうち退職金を徐々に切り崩すことになってしまい……」

　自衛官は退職の時期が早いため、それを補う「若年定年退職者給付金」が支払われる。ＣＣさんが退職時に手にしたのは、その給付金と退職金を合わせて３０００万円程度。しかし、再就職に失敗し、これらを切り崩すことになる自衛官は多い。

　ＣＣさんも収入の不足を補ううちに、10分の１のおよそ３００万円を使ってしまった。

「本当は退職金には手をつけたくなかった。でも、収入が不安定だったので仕方なかったんです。まったくこんなことになるなんて予想していなかった」

そんなＣＣさんに朗報が訪れる。知人から月収25万円、ボーナスが年１００万円支給されるという損害保険会社の仕事を紹介されたのだ。すでに60歳手前のＣＣさんも正社員で採用してもらえるという。

「60歳前後の人間をこんな好条件で雇ってくれる仕事は、私の地元ではなかなかありません。ボーナスもあるので、それは魅力でした」

ところが、ＣＣさんはここで、さらなる地獄を見ることになる。

中高年を襲うハードな仕事

ＣＣさんが勤務したのは、県内に数カ所ある大手損害保険会社の支部の一つ。配属されたのは、自動車保険の事故対応にあたる仕事だった。

交通事故の加害者となった保険契約者に代わって、事故に遭った被害者への電話連絡、言い換えれば、治療費の支払いや示談交渉などにあたる仕事だ。

「私が担当したのはすべて対人事故の対応。ケガをした被害者、中には死亡したり植物状態になったりした被害者の対応を行うこともあります。とても重く、ストレスの多い仕事です」

そして、この対人事故を担当しているのは、ＣＣさんと同じくらいの50～60代の中高年男性ばかりだったという。

「対物事故の交渉係は女性の仕事でしたが、対人事故は全員男性。しかも私と同じように定年退職し、再就職で来た人たちでした。私の支部にはそういう男性が15人ほどいた」

中高年男性たちの前職はさまざまで、公務員、金融関係、整備関係、販売関係など。保険会社に勤務経験がある人はいなかった。退職した中高年をそこそこの給料で雇ってくれる職場というと、こうしたハードな仕事になるのだろうか。

「対人事故の被害者は、ケガをして傷ついています。当然、電話口でもピリピリしている。その被害者を怒らせないように、今後の流れを説明しなければならない」

被害者との交渉で自分も深い傷を負う

対人事故の被害者の症状は、ほとんどが頸椎捻挫《むちうち》だ。

被害者への電話では「治療費をお支払いしますが、頸椎捻挫は2カ月を目途に治療を終了していただくことになります」という説明をすることになっている。でも、被害者からは「そんなに短いのか！」と怒られる。

「被害者はすべての痛みが取れるまでの治療費が、全額支払われると思っている。でも保険会社としては、ある程度のところで治療費の支払いを打ち切らせ、示談交渉に入りたい。それに納得できない被害者と保険会社との板挟みにあい、ものすごく苦しむ」

中には治療が長引き、示談交渉が進展しないまま4～5年が経過する案件もあった。

「電話で説明しても納得してもらえない被害者には、直接、被害者の自宅や病院に出向きます。それは本当に憂鬱な仕事で、前日から胃が痛くなります」

自宅に出向いた際、集まっていた家族や親族から一斉に罵声を浴びせられることもあった。社内では、示談交渉が進展しないと、自分よりも10～20歳以上若い上司からネチネチと怒られる。

「本当に毎日がつらかったです。社内でも社外でも、人間関係には疲れました。給料がいいというだけで仕事にしがみついても、いいことはありません」

傷ついた人たちの相手をするうちに、自分自身がボロボロになってしまったCCさん。結局、この仕事も2年半ほどで辞めてしまった。

元自衛官「コンビニ人間」になる

CCさんは今、セブン‐イレブンの店員として週6日働いている。勤務時間は夕方の17～22時、深夜2時まで担当する日もある。

「お客だった頃は楽そうな仕事だなと思っていましたが、想像以上に大変です。お客さんの列が途切れることはなく、出勤してからボーっとしている暇はほとんどありません」

レジに入った途端、タバコ、栄養ドリンク、ジュース、スイーツ、お弁当などを購入する人を次々とさばかなければいけない。

商品の会計だけでなく、宅配便やメルカリの受付、公共料金の支払い、収入印紙・切手の販売、コーヒーメーカーの豆の補充など、仕事は多岐にわたる。レジが空いたら、商品の整理や搬入、そしてお客さんが来るとまたレジ。おでん・揚げ物・肉まんの対応……。

「19～21時くらいは、酒類やつまみ類を購入するお客さんが多いですね。コロナの影響で家飲みする人が多いのか、カゴいっぱいに購入していく方もいます」

時給は1200円（深夜帯は1500円）。CCさんがこれまで経験した仕事の中で、報酬は一番低い。それでも、長く続けられそうな仕事だという。

「お客さんから『ありがとう』って言ってもらえるんです。ほとんどが、もう二度と会わない人ばかりですよ。でも、『ありがとう』って言われると、こんなに幸せになれるものなんだって」

CCさんはしみじみと語る。

実は、中高年男性にセカンドステージの理想を聞くと、多くの人が二つの欲求を持っていることに気がつく。

「わずらわしい人間関係を避けたい」

「ありがとうと言われたい」

この矛盾した二つの願望をどうにか両立させようと、おじさんたちはもがいている。たとえばある50代男性は、退職後の理想をこんなふうに話していた。

「小学生の通学路で、交通整理をしている高齢者のボランティアがいますよね。あんな老後だったらいいなと。組織で上手に立ち回る人間関係にはもう疲れた。でも、まったく人と触れ合わないのも寂しい。交通整理のように、広く浅く『おはよう』『ありがとう』と言われる世界を持てるのが幸せだと思う」

おじさん理想のセカンドステージ

ＣＣさんは、コンビニの仕事で「広くて浅い、ありがとう」を手に入れたのだろうか。

私たちは生活の基盤を失うことを恐れ、時間を切り売りしてお金のために働いている。しかし、仕事がもたらすのはお金だけではない。やりがいや生きがい、社会に貢献できる喜びも仕事がくれるご褒美だ。

小さな「ありがとう」をたくさん集められる環境を作ることが、幸せなセカンドステージのヒントなのかもしれない。

ただ、おじさんってのは懲りないものだ。ＣＣさんには夢がある。

「今、コンビニの仕事をやりながら、フィギュアを作成して、それをネット販売しています。まったくの赤字ですが、いずれはこの仕事で独立したいと思っています」

おじさんのアコガレ「起業・独立」。これも9割方のおじさんが語る、セカンドステージの理想だ。これについては「退職金を食いつぶさない程度に、頑張ってください」としか言いようがない。

とりあえず、私たちは一つでも多くの「ありがとう」を、いろんな場面で言った方がよさそうだ。

25 月収20万で家族5人、12年の副業つかみ取ったハッピーエンド

JOB
夜の物流倉庫、
喫茶店のモーニングの仕込み

繊維会社で営業マンをしていた東海地方在住のDDさん（55）は、リーマンショックで給料が半減し、家族を支えるために、昼はサラリーマン、夜は副業のダブルワーク生活を続けてきた。

そして最終的には自分の会社を立ち上げるまでに至った。彼はどのようにして、どん底から這い上がったのか。

DDさんが勤めていた会社は、作業服の生地加工・販売をする従業員数300人程度の中小企業。それが2008年のリーマンショックで一気に傾いたのは、DDさんが40歳になった頃だった。経営者は、社員全員と個人面談を行い、退職者を募った。

面談でDDさんに伝えられたのは、「給料は月40万円から半額の20万円に減額。営業手当、ボーナス、退職金はなくなるが、人員が減るので仕事量は100から150に増える。それでよければ会社に残留、納得できないなら退職」というものだった。

「社員のおよそ半分にあたる、20〜30代の若い独身者はほとんどが辞めていきました。残ったのは、僕のような家族持ちの中高年。40歳を過ぎると、転職も難しいうえに、多くが住宅ロー

ンを抱えていますから」

とはいえ、妻と子どもが３人いるＤＤさんは、月収20万円では生活が成り立たない。ＤＤさんが家計に必要な費用を改めて計算したところ、貯金をしない状態でも、月に最低30万円は必要だとわかった。２台あった車を１台に減らし、携帯電話や生命保険も最低限にしたが、大した節約にはならなかった。

専業主婦だったＤＤさんの妻も、工業系の部品のバリ取りする内職を始めたものの、それで得られる収入はわずか月８０００円だった。

深夜の物流倉庫で仮眠する生活

ＤＤさんの会社は、この状況でも、副業アルバイトを禁止していたという。ただ、生活のためにＤＤさんは会社に内緒で、夜の物流倉庫で時給１２００円のアルバイトを始めた。バイトは週に３回で１日６０００円、月に８万円ほどの収入になる。

ホワイトカラーのサラリーマンが倉庫のバイトをすることに、抵抗を感じなかったのだろうか。

「正直言って卑屈になりました。学生時代の同級生と会った時には、会社が傾いたことは話せませんでした。副業のことを知っていたのは、妻と母だけです」

ＤＤさんは自宅から会社まで1時間かけて電車通勤しており、この物流倉庫はその中間地点にあった。ＤＤさんは終業後に直接、この物流倉庫に向かった。

「このバイトは本来、21時～翌朝6時までの深夜勤務です。でも面接の時に事情を話したら、物流倉庫の管理人が『君は深夜2時までの勤務でいい、始発が出るまではシャワー室を使って汗を流し、仮眠室で仮眠を取ってから帰りなさい』と言ってくれたのです」

深夜の仕事は、公共交通機関が動き出すまで帰れない。始発で自宅へ帰り、着替えてから再び会社に出勤する生活だった。

「女房は僕の体を心配していました。確かに、倉庫の仮眠室で、1日数時間だけの睡眠は体にこたえる。ただ僕は、若い頃に水泳と柔道をやっていたので、体力に自信があったんです」

妻は節約をしながら、バランスの取れた弁当を持たせてくれた。ＤＤさんは昼食だけでなく、夕食も持参し、物流倉庫の休憩室で一人夕飯の弁当を食べた。

喫茶店で３００食分のモーニングの仕込み

物流倉庫の作業はトラックから荷物を下ろし、各地域のコンテナに積み分ける肉体労働だ。深夜帯はＤＤさんのような中高年の男性もいたが、人の入れ替わりが激しかった。

その中で、真面目に仕事を続けるＤＤさんは、会社の目に留まった。

「物流倉庫の会社から、『契約社員になりませんか、監督的な立場をやって欲しい』とスカウトされたのです」

ところが、疲労が重なっていたDDさんは、「夜働くなら移動時間を減らし、少しでも体を休められる時間を増やしたい」と考えるようになった。そして、物流倉庫のバイトを始めて4年、DDさんの体を心配した妻が新しいバイトを見つけてきた。

自宅から徒歩10分のところにある喫茶店で、夜21時〜深夜1時まで、モーニングのサンドイッチを作る仕事だ。マスターとその奥さんと3人で、パンを三角に切り、レタスとベーコンを挟むという流れ作業で、一晩に300食を作る。時給は1300円。

「学生時代に中華料理屋でアルバイトした経験があって、料理は好きなんです。週末はよく子どもたちのためにオムライスを作ったりしていましたから」

さらに、DDさんはスイミングスクールのインストラクターも始めた。水泳は子どもの頃から習っていた。こちらは日曜日の10〜16時で日当1万円。ただし、この仕事は思いのほか体力を使うため、1年ほどしか続けられなかった。

さらに、喫茶店のバイトがない曜日は、日当1万2000円のデパートの内装工事のバイトも始めた。DDさんの本業の会社は、ターミナル駅の近くにあり、デパートなら会社帰りにすぐに行ける。

このバイトとの出会いが、DDさんの転機になった。

崖っぷち中高年が社長になる日

デパートのテナント入れ替えの内装工事は、夜間に行われる。

まず周りの店から見えないよう完全防御の壁を作り、元のお店で使用されていた床や天井を壊し、廃材を一輪車に載せて、トラックに積むという作業だ。肉体的にきつい仕事なので、アルバイトで入った人のほとんどは長続きしないという。

そんな中、ここでも一生懸命仕事に励むDDさんは、社員から声がかかった。

「現場管理の仕事もやっていかないかと言われたのです。すでに40歳半ばを過ぎていましたから、いつまでも肉体労働はできないだろうと」

DDさんは社員と一緒に、現場監督の仕事を覚え、そのうち現場のすべてを任されるようになった。

「最終的には、内装工事の仕事を週2日、喫茶店を週3日くらいやっていました。両方の副業を合わせると収入が16万円くらい。もう、本業でもらっている給料と変わらないくらいに稼いでいました」

内装工事のバイトを3年ほど続けた結果、とうとう工事の会社から「今の会社を辞めて、うちの社員になれ」と誘われた。提示された給料は月45万円。本業の待遇よりずっといい。
「でも、サラリーマンはもうこりごりでした。そこで、『自分で会社を立ち上げるから、内装工事の仕事を請け負えないか』とお願いしたのです。そして三番目の子どもが大学を卒業した年に、女房に『独立していいか』と相談しました。すると、『もう十分頑張ったのだから、お父さんの好きにすればいい』と言われまして」

こうして、DDさんの長いサラリーマン生活、12年間の副業生活は終わった。

現在、DDさんは内装工事のほかに、マンションやアパートの新築物件のクリーニングも行う会社を経営している。会社を立ち上げて3年、現在の年収は700万円くらいだという。
「一人親方の小さな会社ですが、職業人生のうちで、今が一番幸せです。頑張った分だけお金になるので、充実感もあります」

DDさんが副業を始めた頃に中学生だった上の子どもたち二人は、すでに東京で新しい家庭を築いている。夫婦二人で、子どもたちに会いに上京することが、一番の楽しみだという。

副業で成功する人に共通すること

DDさんに、厳しい副業生活を12年間も続けられた理由は何かと聞いてみた。
「学生時代にやった柔道と水泳のお陰で体力が続いたこと。肉体労働も、お金をもらって筋トレしているという気持ちでやっていました。また僕は四人兄弟で育ったので、人懐こい性格。どの副業も協力が欠かせないので、コミュニケーション能力は必要です。そして、こんな自分でも一生懸命やれば、次の仕事に声をかけてもらえた。それが、モチベーションにつながった」

DDさんの一番の勝因は、「ベストを尽くした」ことではないかと思う。目の前の仕事にベストを尽くすことは、職業人としては当たり前のことだ。しかし「副業」となると、そこで手を抜きたくなる人は多いのではないか。

これからは、複数の仕事を並行して行うパラレルキャリア・パラレルワークの時代に突入していくと言われる。その中には自分の本意ではない、一見「ちょっとした仕事」もあるだろう。どんな仕事にも全力で取り組む姿勢を持ち続けることは、大切かもしれない。

DDさんはインタビューの最後にこんな風に話していた。

「僕のような副業のやり方はおすすめできないし、本気度がなければ続かないと思います。それでも目標を持ってスタートし、小さくてもそれが達成されると、自信につながるのではないですかね」

日に焼けた顔に笑顔を浮かべるDDさんは、父親・夫としてのやさしさと、仕事人としての充実感にあふれていた。

エピローグ

この取材を始めた時は、副業を通して中高年男性の苦悩を描くことになるだろうと思っていた。実際、彼らは生活や将来に備えて、副業をはじめていた。

最も多かった副業の動機は「収入の補てん」である。ポスティングをしていたFさん、原発で働きながら児童指導員をするBBさん、最後に紹介した倉庫作業やモーニングの仕込みをしていたDDさんなどがそうだ。彼らはもともと「中流」と呼ばれてきた人たちだが、上がらない給料、リーマンショックやコロナの影響をもろにかぶり、副業せざるを得ない状況に追い込まれていた。

そこには中高年の独身男性もいた。空き缶回収のGさん、メンズエステ雑用のUさん、居酒屋で皿洗いをしていたYさんだ。現在、生涯未婚者の割合は、40代以上の男性の3割を占めている。これらの独身男性に取材した時、「話を聞いてくれてありがとう」とかえってこちらがお礼を言われてしまったことが、今でも印象に残っている。

そして多くの中流家庭で副業の動機になっていたのが「子どもの教育費」だった。自分探し中のAさん、塾講師のWさん、冷凍倉庫で働くZさんなどだ。バイトに追われる大学生、奨学金返済に苦しむ社会人の話は耳にしていたが、父親が副業までする状況には驚かされた。

ほかに代表的な動機は「セカンドステージの準備」や「小遣い稼ぎ」。生活が逼迫するほどではないが、今後のためにも本業以外で稼ぐ方法を見つけたいという焦りは、取材したほとんどの人が抱えていたように思う。

ただし「副業おじさん」からは、生活や将来への不安解消だけではない側面が見えてきた。

一つの企業に長年勤め、長時間労働をしてきたホワイトカラーにとって、副業は未知との遭遇でもある。日系ブラジル人と工場で働くIさんやデリヘル送迎のSさんは、本業とは違う世界に触れ、思うところがあるようだった。

副業で孤独が癒される人もいた。駐車場警備のXさんと、コンビニのCCさんはお客さんの「ありがとう」に感動していたし、スタバのNさんは副業で自己肯定感が高まっていた。

そして意外だったのは、倉庫作業や会場設営などの肉体労働が、ホワイトカラーに好意的に受け止められていた点だ。ホテルの宴会場で出会ったVさんが「スポーツクラブの代わり」と話していたように、いつの間にか副業の目的が「運動不足の解消」に変わっている人は多かった。

今後副業は、中高年男性の新たな居場所になるかもしれないし、もうなっているのかもしれない。

私たちの社会は「ホワイトカラー信仰」にとらわれ過ぎていると感じる。オフィスワーカーたちは、いわゆる「エッセンシャルワーク」と呼ばれるケア労働……介護、教育、保育、医療、清掃、ドライバー、接客などに対し、「大変そうだが他人事」「尊敬はするけれど、自分には無理」という見方が強い。しかし、本当にそうなのだろうか。

エッセンシャルワークは、体を動かし、人と協力し、汗をかき、そして人から直接「お疲れさま」「ありがとう」と言われる。パソコンをのぞき込んでいる毎日より、人間らしく、気持ちがいい。分業が行き過ぎた世界で、ホワイトカラーは自らを狭い檻に閉じ込めているのではないか。

エッセンシャルワークは社会における家事労働のようなものだ。誰かがやらなければならない。それでいて賃金は低く、主に女性や非正規労働者、外国籍の人が担っている。

副業はエッセンシャルワークと、ホワイトカラーとの垣根を下げる可能性を秘めているように思う。家庭内で家族が家事を分担するように、さまざまな人が副業として、ホワイトカラー以外の社会的な仕事に関わってみる。そうすることで、こうした仕事の重要性や待遇改善が、自分事になるのではないか。

コロナ禍で話題をさらった「ブルシット・ジョブ（クソどうでもいい仕事）」という言葉。それは米国の文化人類学者デヴィッド・グレーバーが唱えたもので、「本人でさえ、その存在を正当化しがたいほど、完璧に無意味で、不必要で、有害でもある有償の雇用」と定義している。そしてホワイトカラーの仕事の一部がここに含まれると指摘する。グレーバーはフランスの日刊紙『リベラシオン』の論考でこう述べている。

「もしも「経済」なるものに何か実質的な意味があるのだとしたら、それは当然、人間が——命を守るためにも、活気ある生活のためにも——互いをケアする手段を指し示すものであるはずだ。」（コロナ後の世界と「ブルシット・エコノミー」片岡大右訳、以文社ウェブサイトより）

ケア労働は仕事の本質的な価値を教えてくれるものなのではないか。「副業おじさん」の体験は、「働くとは何か」を改めて私たちに問いかけているような気がする。

最後に、取材を受けてくださったすべての中高年男性に、この場を借りて心からお礼を申し上げたい。特に、副業探しの苦悩を語ってくださった方は、称賛に値すると思っている。中高年男性が本音をさらけ出すことは難しい。ご協力いただいたみなさまの健康とご活躍をお祈りしたい。

そして「この面白さを多くの人と共有したい」と熱いメールをくださった朝日新聞出版の大

崎俊明さん、『ＪＢｐｒｅｓｓ』での連載中ずっと伴走し続けてくださったジャーナリスト・編集者の篠原匡さんには、とにかく感謝しかない。

２０２３年11月

若月澪子

装幀　柳沼博雅（ＧＯＡＴ）

若月澪子（わかつき・れいこ）
1975年生まれ。大学卒業後、NHKのキャスター、ディレクターとして生活情報などを担当。結婚退職後に自殺予防団体の電話相談ボランティアを経験。育児のかたわらウェブライターとして借金苦や終活に関する取材・執筆を行う。生涯非正規労働者。ギグワーカーとしていろんな仕事を体験中。

副業《ふくぎょう》おじさん
傷《きず》だらけの俺《おれ》たちに明日《あす》はあるか

二〇二三年十二月三十日　第一刷発行

著　者　若月澪子
発行者　宇都宮健太朗
発行所　朝日新聞出版
〒一〇四-八〇一一　東京都中央区築地五-三-二
電話　〇三-五五四一-八八三二（編集）
〇三-五五四〇-七七九三（販売）
印刷製本　広研印刷株式会社

ISBN978-4-02-251955-9
定価はカバーに表示してあります。
落丁・乱丁の場合は弊社業務部（電話〇三-五五四〇-七八〇〇）へご連絡ください。
送料弊社負担にてお取り替えいたします。